내 안의
악마를
꺼내지
마세요

국내 1호 여성 프로파일러
이진숙이 만난
악마를 꺼낸 사람들

내 안의
악마를
꺼내지
마세요

DON'T
BRING OUT
THE DEVIL
IN ME

이진숙 지음

행성B

프로파일러로 수많은 범죄자를 만나 왔다. 그리고 그들이 왜 범죄와 연결되었고, 범죄를 피할 수는 없었는지 고민한 내용을 메모해 두었다. 그 메모는 첫 책《오늘도 살인범을 만나러 갑니다》의 토대가 되었다. 글 쓰는 일에 두려움이 있었지만, 일기처럼 써 놓은 메모 덕분에 순간순간의 어려움을 극복할 수 있었다. 첫 책 출간 이후 약속한 대로 나를 필요로 하는 사람들, 특히 청소년이 부르는 곳에는 시간을 조정해 가며 참석했다.

책 덕분에 다양한 사람들의 목소리를 들을 수 있었다. 강연을 가면 질문도 많았다. 아무리 프로파일러라 할지라도 어떻게 범죄자가 스스로 이야기하도록 만드는지, 살인범을 만날 때의 두려움은 어떻게 극복하는지, 일하면서 생기는 스트레스는 어떻게 해소하는지 물으며 프로파일러라는 직업에 대해 궁금해하는 사람도 있었다. 또 책과 강연에서 어린 시절 경험이 중요하다 말하니 이미 그 시기를 지나 청소년, 성인이 된 자신이 할 수 있는 일은 무엇인지 묻는 사람도 많았다. 내가 범죄자들을 만나며 얻은 깨달음을 듣고는 더 많은 사례를 통해 그들의 마음을 들여다보고 싶다는 의견도 있었다.

독자들을 만나며 자연스럽게 이번 책《내 안의 악마를 꺼내지 마세요》를 써야겠다고 마음먹었다. 성인이 된 뒤에는 다른 누구도 아닌 스스로가 자신의 양육자여야 한다. 하지만 범죄자들은 많은 경우, 스스로를 키우길 포기하거나 그 필요성을 모르는 사람들이었다. 자기 자신을 양육하는 중요성을 많은 사람이 깨닫길 바랐다. 영유아기, 아동기에 받은 상처는 어른들의 책임이지만 성인이 되었다면 어떻게든 스스로를 책임져야 한다. 그러기 위해서는 시시각각 바뀌는 우리의 감정이 어디에서 나오는지, 그것을 밖으로 꺼낼 때는 어떤 모양이어야 하는지, 어떤 선택이 좋은 선택인지 알아야 한다. 조금이라도 나은 선택을 하고 결정한 것을 지키는 힘이 우리 안에 있다는 사실을 알려주고 싶었다.

총 세 부분으로 나누어 책을 썼다. 1부에서는 악마를 꺼낸 사람들의 이야기를 다루었다. 어떤 모양으로 범죄가 이루어졌는지, 범죄자는 이를 어떻게 설명하는지, 그 사람이 범죄에 이르게 된 과정을 자세히 제시하려 노력했다. 2부는 어쩌면 한번쯤 경험해 보았을 극단적 갈등의 일면을 들여다보려고 했다. 범죄는 나와 상관없고 특별하다고 생각할 수도 있지만 사실 가까이 있다. 3부는 악마를 꺼내지 않고 살아가기 위해 스스로를 통제하고 보살필 수 있는 힘이 우리 안에 있음을 발견하고 키우는 방법을 살펴보려고 했다. 부록에는 함께 보면 좋을 더 다양한 사례를 담았다. 3부까지 모두 읽고 부록의 사건 기록을 보면 처음과는 조금 다른 시각으로 읽어낼 수 있을지도 모르겠다.

어려움이 있을 때 마음 같아선 내 잘못이 아니고 '부모 때문에, 친구 때문에, 아내나 남편 때문에, 형제자매 때문에, 선생님 때문에, 직장동료 때문에, 경제적 문제 때문에'라고 말하고 싶을지 모른다. 그러나 그렇게 말하는 순간, 해결 방법도 해결할 수 있는 힘도 사라진다.

내 감정은 내 것이고 내 생각과 행동으로 결정할 수 있다는 사실만 깨닫는다면 세상을 다르게 살아볼 수 있다고 믿는다. 물론 그럼에도 불구하고 매 순간 행복할 수는 없다. 때로는 우울한 감정을 받아들이고 모든 것을 내려놓는 자세가 나를 위하는 방법일 수도 있다. 우울하다는 감정

내 안의 악마를 꺼내지 마세요

이나 불행하다는 느낌이 인생에 방해가 되는, 절대 가져서는 안 되는 백해무익한 존재는 아니다. 다만 조절할 수 있는 힘이 나에게 있음을 알아야 한다.

삶은 정답이 없다지만 순간적 감정을 통제하지 못했을 때 어떤 결과로 이어지는지 이 책에 담았다. 어렵게 꺼내 놓은 여러 범죄자의 경험과 이야기를 통해 우리의 삶을 한 번 더 들여다보는 기회가 되었으면 한다. 그들 삶의 일면을 통해 어쩌면 우리가 경험할 수 있는, 감춰놓았으나 때때로 건드려 깨우고 또 꺼내고 싶은 충동이 일어나는 마음을 차분히 다독일 수 있기를 바란다.

차례

3부 마음을 돌보며 스스로를 키우는 힘

부록 사건 파일

1

악마를
꺼낸
사람들

DEVILS
×
PROFILER

× × ×
×

DON'T BRING OUT THE DEVIL IN ME

1부에서는 실제로 범죄를 저질러 프로파일러 면담을 진행했던 피의자 사례를 살펴보려 한다. 범죄 과정 중은 물론 이전, 이후 상황과 심리 상태를 기록했다. 범죄자 스스로 하는 진술과 함께 한발 떨어져 다른 선택의 가능성을 탐색하는 과정도 담았다. 사례를 자세히 따라가 보면 사람마다 생각하는 방식, 그 생각을 행동으로 옮기는 과정이 모두 같지 않음을 자연스럽게 알게 되리라 예상한다.

사례는 그간 강의를 하면서 받았던 질문과 연관 있는 사건을 중심으로 선정했다. 예를 들어 가장 기억에 남는 사건이나 충격적이었던 사건은 무엇인지, 가장 안타까웠던 범죄자는 어떤 사람인지, 어떤 범죄자를 만날 때 가장 힘든지, 감정적으로 흔들렸던 사건이 있었는지 등이 자주 나오는 질문이었다.

관심의 정도가 모두 같지는 않겠지만 반복해서 받는 질문이라면 독자들이 궁금해하는 부분이고 어쩌면 많은 사람이 비슷한 상황을 경험했거나, 노출될 가능성이 있다고 느끼는 상황일지도 모른다고 생각했다. 물론 상상할 수 없던 일이라 도대체 어떤 사람이 그런 사건을 저지르는지 알고 싶은 단순한 호기심일 수도 있다. 그러나 그 또한 의미 있으리라 생각한다. 나와는 완전히 다른 사람이라는 생각이 어쩌면 이번 책을 읽는 중에 조금은 달라질 수도 있을

내 안의 악마를 꺼내지 마세요

테니까 말이다.

혹시 1부를 읽고 더 다양한 사건을 살펴보고 싶은 생각이 든다면 부록을 읽은 뒤 2부로 넘어가도 괜찮다.

프로파일러가
하는 일

'프로파일러'라는 직업이 이제는 많이 알려졌지만 흔히 접할 수 있는 직업이 아니다 보니 어디서부터 어디까지가 프로파일러의 일인지 내부분 잘 모른다. 앞으로 펼쳐질 이야기의 이해를 돕기 위해 프로파일러가 하는 일을 간단히 설명하려 한다. 프로파일러라는 직업에 흥미를 느끼고 더 자세히 알고 싶어진다면 《오늘도 살인범을 만나러 갑니다》를 읽어 보길 권한다.

자세히 설명하자면 끝이 없지만 프로파일러가 하는 일은 크게 검거 이전과 이후, 두 단계로 나눠 살펴보면 이해가 쉽다.

첫 번째는 검거 이전, 강력 사건이 조기에 해결되지 않을 때 하는 일이다. 한 마디로 설명하자면 수사컨설팅이라 할 수 있다. 우리나라 강력 사건 검거율은 세계 어느 곳에 내놓아도 상위 그룹에 속할 정도로 뛰어나다. 그럼에도 쉽게 해결되지 않고 수사가 길어지는 사건이 생기면 프로파일러를 투입한다. 그동안의 수사 사항과 현장을 바탕으로 용의자

내 안의 악마를 꺼내지 마세요

유형을 추정하고 우선 수사 대상을 어떤 방향으로 잡을지 수사팀과 의견을 나누는 역할이다.

두 번째는 검거 이후인데 피의자가 자신의 범행을 인정하고 진술할 때와 그렇지 않을 때 해야 하는 역할이 조금 다르다. 자신의 범죄를 진술하고 조사가 어느 정도 마무리되면 피의자가 태어나서 범죄에 이르기까지의 전 생애를 탐색하고 이를 통해 범행 동기와 범행 전, 중, 후의 범죄 행동과 심리적 흐름을 파악한다. 그러나 객관적, 정황적 증거가 충분한데도 부인하거나 진술을 거부할 때는 자백 환경을 조성하고 스스로 증거를 인식할 수 있도록 돕는 일을 한다. 또 조사 모니터링을 통해 피의자의 심리를 파악, 수사팀이 효과적으로 조사를 진행하도록 돕고 이후 전 생애를 탐색하는 면담과 심리검사도 진행한다.

이쯤 되면 '프로파일러도 경찰인데 형사와 차이가 없는 거 아닌가?'라는 의문이 들 수도 있다. 이 의문은 앞으로 나오는 내용을 읽다 보면 자연스럽게 해결되리라 생각한다. 하나의 힌트만 먼저 제시하자면 범죄자 대부분은 자신의 이야기를 누군가 경청해 준 경험을 갖고 있지 못하다. 그러다 보니 오로지 자신에게만 집중해서 이야기 들어 주는 프로파일러에게 호의적이다. 누군가가 자신을 진심으로 존중하는데 무턱대고 배척할 리 없다. 누군가의 이야기를 잘 듣는다는 뜻은 머리로 이해하는 일이 아니라 상대의 입장에 서서 생각해 보는 것인데, 잘 알겠지만 이게 생각보다 쉽지 않다. 다행히 프로파일러는 여러 훈련과 경험을 통해 이런 준비가 되어 있는 사람이라 보통 사람들이 상상하는 것보다 훨씬 많은 이야기를 들을 수 있다. 피의자는 스스로 털어놓은 이야기 때문에 더 중한 벌을 받을 수 있음을 예상하면서도 그간 누구에게도 꺼내 놓지 못한 속사정을 털어놓는다.

죄를 지으면 상응하는 처벌을 받는 것이 당연하지만 한편으로는 그들도 우리와 다르지 않은 사람이라는 생각도 든다. 그리고 그들의 삶에서 어느 부분을 어떻게 수정하면 강력 범죄자로 만나지 않을 수 있었을까 하는 고민을 숙제처럼 떠안는다. 그 숙제를 여러분과 함께 나누어 보려고 한다.

내 안의 악마를 꺼내지 마세요

아들이 있는 펜션에서
전남편을 살해한 엄마

CROSS • CRIME SCENE DO NOT CROSS • CRIME SCENE DO NOT CROSS • CRIME SCENE DO NOT CROSS • CRIME SCENE

사람이 사람을 죽이는 일이 어떻게 가능할까 싶은 마음이 들지만, 범죄 사건을 들여다보면 두려움이나 불안이 엄습할 때 홀로 벗어나려고 몸부림치다 상상하기 어려운 결과까지 치닫는 일을 만나곤 한다. 혼란스러운 마음을 단 한 사람에게 꺼내 놓기만 했더라도 끔찍한 결말에 다다르지는 않았을 텐데 말이다. 전남편, 둘 사이의 아들과 함께 펜션에 입실해 시간을 보낸 뒤, 알 수 없는 방법으로 피해자를 살해하고 훼손하여 시신을 분리 유기한 사건의 피의자를 만났다. 개인의 내면에 얼마나 무서운 것이 들어앉아 존재할 수 있는지 여러 생각이 들었다.

곳곳에 남아 있는 범죄의 흔적

범행 장소는 한적한 마을에 위치한 펜션이다. 주변에 개인 주택, 펜션,

야적지가 있고 이웃 주민과 펜션 이용객 외에는 사람의 통행이 드물어 시선을 피하기 용이한 곳이었다. 펜션 내부는 세 개의 방과 거실, 주방, 욕실이 있는 구조다. 출입문과 벽면, 천장, 싱크대 위 밥솥 등에서 육안으로 관찰 가능한 혈흔을 발견했고 모두 피해자의 유전자가 검출되었다. 화분과 커피잔이 깨져 있고 현관 출입문의 방충망도 찢어져 있었다. 아마도 약간의 몸싸움이 있었던 것 같았다. 주로 주방 공간에서 공격이 일어난 듯 보였다. 피의자의 이동 동선을 추가 감식한 결과 도시에 있는 부모님 집과 피의자의 현재 거주지에서도 혈흔이 묻은 증거물을 발견했다. 살해 뒤 훼손과 유기가 한 군데에서만 일어난 것은 아니라고 볼 수 있다.

범행을 사전에 계획하고 이를 위해 검색하고 준비한 정황도 확인했다. 피의자는 사건과는 무관하게 독립적으로 이루어진 일들이라고 주장했지만 비슷한 시기에 우연히 겹쳐진 행동이라고 평가하기는 어려웠으며 모두 동일한 목적을 가진 계획 행동이라고 볼 수밖에 없었다.

피의자와 피해자 중 누가 먼저 제안했는지는 확인할 수 없었지만 "펜션을 예약해 뒀으니 그곳에서 저녁식사를 하자"는 취지로 함께 펜션까지 동행한 것으로 보였다. 피해자는 펜션 입실 후 밤 8시경 부친과 통화를 한 뒤 객관적 행적이 확인되지 않았고 피의자 또한 비슷한 시간대부터 주변인들의 연락에 응답하지 않는 모습을 확인했다. 펜션 안에는 아들이 함께 있었고 피의자가 피해자에 비해 왜소해 신체적으로 상대를 제

내 안의 악마를 꺼내지 마세요

압하기는 쉽지 않았을 터라, 두 사람의 다툼이나 몸싸움 등 격한 상호작용 중 우발적으로 살인에 이르렀다고 판단하기는 어려웠다. 아마도 다른 방법으로 피해자를 제압한 뒤 살인까지 갔을 개연성이 높아 보였다.

살인 후 펜션 주인에게 전화를 걸어 퇴실 시간을 한 시간 연장해 달라고 요청하고 급하게 현장을 이탈한 행동으로 보아 현장을 정리할 시간이 부족했던 것 같았다. 그리고 본인 핸드폰으로 피해자에게 "성폭행 미수 및 폭력으로 고소하겠다"는 문자를 보낸 뒤, 다시 피해자의 휴대폰을 사용하여 "서로 관심 끄자, 미안하다, 고소하지 말아 달라"고 답 문자를 보내 서로 대화를 주고받은 듯 위장했다.

극단적인 감정 변화와 왜곡된 사실 인식

직접 마주한 피의자는 겉으로 보기에는 강력 범죄와 연결될 가능성을 염두에 두기 어려운 정도였다. 160센티미터 정도의 키에 50킬로그램으로 마른 체형의 여성이었으며, 무표정하기는 했으나 전반적으로 차분한 말투로 면담에 임했고 눈 맞춤도 양호했다. 자신의 이야기에 귀를 기울인다고 생각했는지 매우 편안한 자세로 진술했다.

살인이라는 결과에만 관심을 가지고 자신이 왜 그런 일을 저질렀는지는 관심을 갖지 않는다며 불만을 털어놓기도 했다. 차분하게 대답하다가 갑자기 울먹이기도 하고 극적인 감정을 드러내기도 하는 등 기분 변화가 빈번했다. 이혼 후 전남편과의 아들은 친정에 맡긴 채 재혼, 이후 다른 도시에서 생활했고 아이에 대한 애착이 많아 보이지는 않았다. 그러나 아이와 관련된 이야기가 나올 때마다 울먹이는 등 깊은 애착관계로 보이려고 했다.

　사망한 피해자인 전남편을 경제적으로 무능력하고 천사 같아 보이는 외부 이미지와는 달리 폭언을 일삼는 무서운 사람이라 말했다. 시댁과 피해자에 대해 시종일관 부정적인 평가를 늘어놓았다. 처음에는 범행도 부인했다. 그러다 CCTV 등 객관적 증거가 밝혀지자 피해자가 자신을 성폭행하려고 해서 살인하게 되었다며 정당방위이고 오히려 자신이 피해자라고 주장하기도 했다. 살인은 인정하면서도 범행에 죄책감을 느끼거나 후회하기보다는 그럴 수밖에 없었던 당위를 설명하려고 애썼다. 범행 과정이나 시신 유기 장소를 질문하면 출산 과정, 이혼 배경 등 질문과 무관한 정보를 장황하게 설명하며 중요한 정보를 제공하지 않으려고 회피하는 태도가 나왔다.

　자신이나 가족이 언론에 노출되는 데 극도로 예민하게 반응했고 일상에서 경험하는 크고 작은 일조차 필요 이상 심각한 상황으로 왜곡하여 인지하는 듯했다. 차분하게 조사를 받다가도 현재 남편과의 면회 요청이 받아들여지지 않자 "제가 죽어야 가족을 만나게 해 줄 거냐"며 언성을 높이고 갑자기 감정이 격해지는 등 불안정한 심리 상태였다. 자신이든 타인이든 양극단으로 평가하는 태도였으며, 중간 정도의 상태로 묘사하지 않았다. 무조건 좋은 사람으로 치켜세우거나 무조건 나쁜 사람으로 평가 절하했다.

처음에는 무표정으로 경계했으나 여러 가지 주제를 넘나들며 쉴 틈 없이 이야기를 이어가는 상반된 모습도 보였다. 남들과 비슷한 수준의 임신과 출산 과정을 겪었으나 매우 극적으로 묘사하며 자신의 출산 과정이 얼마나 힘들었는지 설명했고, 아이가 다친 일 역시 그리 큰 상처가 아님에도 과장하여 표현하고 할머니 집에만 가면 항상 다치거나 감기에 걸린다고 말했다. 또 자신이 힘들었음을 토로하며 울먹거리다가도 이내 다른 주제로 돌리며 다시 평온을 찾는 등 감정 변환이 빠르고 잦았다. 너무 쉽게 감정이 전환되는 모습을 반복해 확인했고 피상적 감정 표현에 굉장히 익숙한 듯 보였다.

잘못된 선택

피의자는 자신 있고 당당한 모습을 보이는 한편 대인관계에서 버림받을까 봐 두려움을 느끼는 면도 있었다. 관계를 유지하려 초반에는 헌신하지만 관계가 틀어질 위기가 오거나 틀어지면 상대를 가차 없이 평가 절하하고 폭력성, 자살 위협 등 불안정한 정서적 특성을 드러냈다.

피의자는 피해자와의 관계를 정리하고 새롭게 꾸린 가정을 유지하려는 욕구가 강했다. 면접교섭권 불이행 문제로 전남편이 소송을 제기하자 두 사람 관계가 잘 정리되지 않았음을 현재의 남편이 인지하게 되었다. 이로 인해 현 남편과 갈등 상황이 반복되었고 피의자에게 매우 불편한 감정이 생겼다. 게다가 현 남편과 아이를 갖고자 노력했으나 수차례 계류유산 등의 일을 겪으며 불안정한 심리 상태가 지속되어 신경정신과 진료를 받았다. 또 피의자는 현 남편이 전처와 낳은 아들을 함께 양육하던 중 사망하는 사건도 경험했다. 이 부분에 대해서는 할 말이 많지만 법적으로 소명하지 못해 아직도 아쉬움이 남는다.

피의자는 끝까지 우발적 범행을 주장했으나 조사 내용을 종합해 보면, 피의자가 비합리적 신념과 심리적 불안으로 범행을 계획했고 실행했다고 판단하는 것이 합리적이다. 면접교섭권 이행 때문에 현재 남편과의 관계나 가정의 평온이 깨질 위기라고 인지한 피의자는 이 모든 갈등과 스트레스는 피해자가 존재하는 동안 계속될 수밖에 없다고 믿었다. 본인 주장처럼 갈등 상황에 취약한 피의자가 혼자서 모든 것을 선택하고 결정하고 실행에 옮기기까지의 과정이 쉽지 않았을 수는 있다. 그러나 그러한 취약성이 타인의 생명을 빼앗을 이유가 되지 않음은 따로 말할 필요도 없는 사실이다.

피의자는 가부장적 집안 분위기에서 장녀로 성장하면서 사랑받고 지지받기보다는 기대에 부응하려 부단히 노력하고, 결과가 충분하지 못하면 비난받는 상황을 반복해서 경험했다. 그 속에서 자신만의 기준을 만들어 스스로를 괴롭히기도 하고 다른 사람도 자신의 기준에 맞추려 애쓰며 생활했다.

자신의 능력보다 타인이 원하는 이상이 높거나 자신의 노력보다 스스로의 이상이 높을 때, 이 격차 때문에 끊임없이 갈등하고 상처를 경험하면서 성격이 비뚤어지거나 비합리적인 선택을 하는 경우를 종종 발견한다. 처음에는 이상과 현실의 간극을 줄이려고 노력하다가 실패를 반복해서 경험하면 이를 있는 그대로 받아들이기 괴로워한다. 실제 능력과 무관하게 자신을 대단한 사람으로 평가하고 본인처럼 자신을 평가해 주지 않는 타인을 비난하고 조종하려고 한다. 이게 성공하면 가스라이터의 길로 들어서고, 그렇지 못하면 주위 사람들과 계속 갈등을 겪거나 자신의 기준에 맞추지 않는 사람을 처단하려는 욕구가 발동한다.

문제가 자신에게 있다는 사실을 알아차리는 통찰력이 없으면 문제의 원인에 나를 제외한 다른 사람들을 세우게 된다. 그리고 본인이 원하는 세계를 만들기 위해 처단이라고밖에 표현할 수 없는 행동도 서슴지 않는다. 이 사건의 피의자가 부부싸움을 녹음한 음성 파일에는 "죽일까?" 하고 고민하는 혼잣말이 들어 있었다. 갈등 수위는 점점 높아지고 자기편은 아무도 없다는 생각에 이르면 상대방을 죽여서라도 자신의 뜻을 이루려는 말도 안 되는 선택을 하는 것 같다.

같이 근무하는 직원이 하루는 아들이 너무 자신감이 없는 것 같다고 걱정하는 소리를 들었다. 초등학교 3학년인 아이가 "엄마, 저는 천재가 아니에요. 엄마가 착각하시는 거예요"라는 말을 했다는 것이었다. 나는 그 이야기를 들으며 아이가 그 어린 나이에 스스로를 객관적으로 바라 보고, 상대에게 설명하고, 표현한다니 뭘 해도 똑소리 나게 하겠구나 하 고 생각했다.

위 사건 속 피의자는 허용적인 분위기에서 성장하지 않았기에 과감히 자신의 생각을 전달하지 못했을 수 있다. 그래도 본인이 스스로의 능력 을 인정하고 만족했다면, 타인과 비교하더라도 자신이 우위에 있는 장 점을 발견했더라면 어땠을까 싶어 안타깝다. 자신도 행복하고 상대방도 행복하게 만들 수 있지 않았을까. 누군가의 심리적 지지가 우리를 바로 서게 할 수는 있으나, 거기에 기대고 그 사람의 기대에 자신을 맞추려 하다 보면 결국 스스로 바로 설 수 없게 된다. 이 사건의 피의자는 대법 원에서 무기징역이 확정되어 복역 중이다.

내 안의 악마를 꺼내지 마세요

현실이 된 잔혹극,
미성년자의 초등학생 살인

CROSS • CRIME SCENE DO NOT CROSS • CRIME SCENE DO NOT CROSS • CRIME SCENE DO NOT CROSS • CRIME SCENE

얼마 전 과외 중계 애플리케이션을 통해 피해자를 물색하고, 중학생 아이를 둔 엄마인 척 속여 피해자에게 접근, 시범 과외를 요청한 뒤 교복을 입고 피해자 집에 찾아가 살해하고 시체를 훼손하여 유기한 사건을 보도로 접했다. 피의자는 경찰 조사에서 범행 동기에 대해 살인을 해 보고 싶은 충동을 느꼈고, 3개월 전부터 계획했으며, 인터넷에서 살인 등을 검색했다고 진술했다. 하지만 어쩐지 내가 수년 전 맡았던 사건과 닮았다는 생각이 들었다. 아무에게도 말하지 못했지만 그 사건의 시작이었던 SNS Social Network Service 커뮤니티와 연관 있는 사람 중 한 명일 수도 있겠다는 생각 때문에 며칠 동안 잠을 설쳤다.

검찰에 송치되던 날 카메라 앞에서 "죄송합니다. 그때는 제가 제정신이 아니었던 것 같습니다"라고 말하는 소리가 귀에서 쟁쟁했다. 쏟아지는 기자들의 질문 속에서도 차분히 이야기하는 그 모습이 잘 잊혀지지 않았다. 속마음은 어땠는지 몰라도 겉으로는 의연해 보였고 그 모습이 무섭게 느껴졌다.

SNS에서 시작된 잔혹극

울산경찰청 주관의 광역 분석(여러 시도청 프로파일러가 모여서 하는 분석) 참여 중 연락을 받고 급히 인천으로 올라와서 피의자들을 만났었다. 피해자는 초등학생이고 피의자들도 당시 모두 미성년자여서 조사에 참여하고 면담하고 분석하는 내내 마음이 불편했던 사건이다. 사건의 시작은 SNS 커뮤니티 활동이었다. 주범과 공범 두 사람은 온라인 공간에서 만나 닉네임으로만 알고 지내던 사이로 실제 이름을 정확히 알게 된 시점은 범행 당일이라 말했다. 피해자를 유인해 살해한 후 시신을 훼손, 시체를 유기하고 서울의 한 번화가에서 만나 시간을 보냈는데, 무언가 이상한 상황들이 일어났고 그러면서 이름을 정확히 알아야 할 것 같아 서로 실명을 주고받았다고 주장했다.

이들이 만난 SNS 커뮤니티는 이용자가 각자 캐릭터를 만들어 활동하는 곳이었다. 본인이 만든 캐릭터가 실재하듯 성격이나 생김새, 장단점 등을 주고받으며 수다를 떨고, 캐릭터를 등장시킨 상황극을 만들고, 활약상을 소설 쓰듯이 올렸다. 누군가 '단편적인 상황'을 이야기로 만들어 올리면 다른 사람들도 자신의 캐릭터가 그 상황에서 할 법한 행동을 '내 캐릭터는 이렇게 할 거야'라며 답글 형태로 올리는 온라인 공간이다. 특히 상황극이 펼쳐지면 캐릭터들이 처한 상황에 몰입해서 풀어나가기 때문에 한 편의 영화 시나리오나 소설처럼 이야기가 이어졌다.

공범은 중학교 시절부터 글쓰기 능력이 뛰어났고 글 쓰는 것도 좋아해서 커뮤니티에서도 스토리를 주도적으로 이어가는 역할이었다고 했다. 선호하는 장르는 따로 없어 로맨스나 누아르, 일상적인 이야기를 비롯하여 다양한 영역을 다뤘다고 했다. 처음에는 글을 쓸 때 잘 알지 못하는 상황이나 사실, 각종 정보를 얻기 위해 SNS를 찾게 되었고, 실제로 SNS에 올라온 정보 중에 본인이 중요하다고 생각하거나 나중에라도 글을 쓸 때 활용 가능성이 있다고 생각하는 내용은 스크린 샷으로 저장하기도 했고, 질문을 통해서 지식을 얻었다고 했다. 이렇게 얻은 지식이나 소재를 소설 형태로 써서 올렸다고 말했다.

이들에게 SNS 커뮤니티는 개인의 취향, 가치관, 신념 등을 사회에서 당연시 여기는 도덕관념으로 평가하지 않고 존중해 주는 공간인 듯했다. 그 안에서는 개인적인 성 취향, 피 튀기고 잔혹한 내용을 담은 고어물을 좋아하는 취향, 부모에 대한 부정적이거나 패륜적인 생각도 지적하거나 비난하지 않는다고 했다. 현실에서 간섭받고 얽매이던 사람들이 SNS 안에서만은 자유롭게 표출하기를 바라고, 실제로 자신의 사회적인 지위나 상황 때문에 일반적인 상황에서는 표현하지 못하던 개인적인 생각을 여과 없이 표현하면서 자신의 스트레스를 푸는 예가 많기 때문이다.

그 공간에 올라온 이야기는 지어낸 것이라는 전제가 있어 아무리 잔인하고 남을 욕하거나 험담하는 내용일지라도 누구도 실제 일어났거나 일어나고 있는 일이라고 생각하지 않는다고 했다. 모두 '판타지'에서 시작해서 '판타지'로 끝맺음해야 당연하다고 여기고 그 전제 아래 이야기를 꾸며 간다는 것이다.

사건 피의자들도 상황극(마피아의 일상을 다룬 내용)이 펼쳐지는 곳에 서로의 캐릭터를 데리고 참여하며 온라인에서 처음으로 만났다. 보통 상황극이 끝나면 참여한 캐릭터 창작자들이 모여서 뒤풀이로 썰을 푸는데 상황극 이후 일어날 법한 일에 대해서 가볍게 대화를 나눈다고 하였다. 예를 들어서 상황극 안에서는 싸우던 캐릭터들이 갑자기 데이트를 한다든가, 상황극의 연장으로 행복하게 산다든가 하는 이야기를 이어갔다고 했다.

자유와 혼란 사이

두 사람이 만났던 날도 마피아 상황극을 끝내고 창작자들끼리 뒷이야기를 푸는데 주범은 일상적이지 않은, 일반 사람들이 읽기에 좀 과한 내용으로 이야기를 풀어나갔다고 공범은 말했다. 예를 들어 공범의 캐릭터가 주범의 캐릭터를 아껴주는 상황을 "너가 머리를 쓰다듬어 주어도 내

내 안의 악마를 꺼내지 마세요

캐릭터는 움찔할 거야" 등 해피 엔딩으로 이야기를 끌어가면 "내 캐(캐릭터)는 그래도 행복하지 않을 거야"라는 식으로 자기의 캐릭터가 행복해지기를 원하지 않는 듯이 말을 이어갔다는 것이다. 그래서 공범은 주범의 캐릭터가 '일반적인 이야기로 이끌어 나가는 것을 별로 좋아하지 않는구나' 생각했다.

그렇게 이야기를 나누던 중 다른 참여자가 "내 성인계(자극적인 성적 내용을 주로 담은 계정)가 있는데 거기에는 수위가 높거나 고어 위주로 올리니 면역이 있는 사람은 팔로우해도 괜찮다"고 하여 그 사람의 성인계와 주범의 고어계를 팔로우하게 되었단다. 그 시점부터 주범과 공범이 '고어 이야기'를 더욱 자연스럽게 나누었다고 말했다. 이날부터 둘은 고어 이야기를 나눌 때 주로 글자 수 제한이 없는 다이렉트 메시지 기능을 썼다. 그러면서 잔인한 내용에 익숙해져 끔찍한 이야기를 해도 모두 판타지로 생각되었다고 말했다.

이들이 활동하는 온라인 커뮤니티에는 우울증, 기분장애 등으로 치료 중인 사람이 있었다. 주범과 공범도 예외는 아니었지만 두 사람은 비교적 경미한 편이었다. 이용자 중에는 해리장애로 입원과 퇴원을 반복하는 사람도 있어 자연스레 해리장애 증상에 대해서도 이런저런 얘기를 들었다고 했다. 사회의 잣대로 평가하지 않으니 자기 증상을 편하게 말할 수 있었으나 어떤 부분은 실제 증상인지 만들어진 것인지 헷갈리기도 했다. 자유스러움을 즐기는 것은 좋으나 온라인상에서는 자기가 만든 캐릭터와 실제 본인의 성격 중 어느 쪽이 진짜인지 혼란스러운 것은 너무나 당연한 일이었다.

학교에 가지 않는 사람들이 대부분이니 밤부터 시작해서 아침이 밝을 때까지 대화를 나눴다. 창작 활동이 이어지다 보면 현실 구별 능력이 떨어지기에 충분했을 것으로 보였다. 본캐(자기의 진짜 캐릭터)와 자캐(온라인상에서의 자기 캐릭터)를 넘나들며 나누는 대화들의 수위가 높으면 높을수록 혼란스러움은 가중될 수밖에 없었다. 여기에 심리적으로 불안하고 안정되지 않은 사람들끼리 장시간 상호작용하며 상대의 문제가 각자 자신의 문제가 되면서 더욱 혼란스러운 상태로 이어지는 일은 예상 가능한 결과였다. 서로의 나이나 신분, 상태, 직업 등등이 모두 가려진 익명이라 창작 내용으로 서로를 짐작할 뿐 명확한 사실은 그 무엇도 없었다.

모호해진 상상의 경계

이들은 사건 발생 한두 달 전에 처음 알게 되었다. 얼마 지나지 않아 둘 다 우울증을 앓고 있고 잠을 잘 이루지 못한다는 공통점을 발견했다. 사건 즈음 불면증이 심해지면서 밤늦게까지 전화할 수 있는 사람이 있었으면 좋겠다는 마음이 서로 통했다. 이때부터 필요할 때 종종 서로 전화를 걸었다. 잠이 오지 않는 날에는 거의 통화를 했는데 특별한 내용은 없이 서로 다독이거나 위로해 주는 대화가 대부분이었다고 했다. 이렇게 큰 뜻 없이 주절거리듯 이야기하다가 잠이 들기도 하며, 한 번 통화하면 기본 한 시간에서 잠이 오지 않는 날에는 밤을 꼬박 새우기도 했단다.

이렇게 처음에는 위로와 격려의 말로 시작한 두 사람의 심야 통화는 잠을 못 이루는 시간이 길어지면서 차츰 달라졌다. 위로와 격려의 말만 계속하기는 어려워지고 서로 할 말이 없어질 때쯤 SNS에서 하듯이 캐릭터를 가지고 상황극을 만들어 이야기를 꾸며 가기도 했다. 말로 하는 것이고 주범이 원하는 상황극 자체가 일반적인 것보다는 고어적인 내용이 많아서 전화로 하는 상황극은 새벽에 주로 이루어졌다.

우울감이 높아지면 그냥 전화를 연결해 놓는 자체만으로도 위로가 된다고 생각해서 둘 중 누구든 필요할 때면 전화를 걸어서 켜 두었다. 전화기를 스피커폰으로 켜 놓고 음식을 만들거나, 밥을 먹거나, 텔레비전을 보는 등 각자 할 일을 하면서 전화를 이어가는 일도 있었다. 어떤 말을 하지 않아도 연결되어 있으면 대화하고 싶을 때 언제든 들어 줄 친구가 옆에 있다는 생각이 들었고, 마음도 차분해지는 기분이었다고 했다.

조사를 하며 구체적 통화 내용에 대한 질문을 해도 딱히 이거다 할 내용은 나오지 않았다. 그야말로 일상적인 수다와 주절거림이 대부분이었다고 말했다. 또 공범 입장에서는 범행 당일의 상황을 정확하게 인지하지 못했던 이유가 통화를 하는 중이라도 계속 전화에 집중하지 않는 관계 때문이라고 설명했다.

타칭 광역 분석 진행 중임에도 급하게 프로파일러를 찾은 이유는 따로 있었다. 조사 중 주범이 마치 해리장애인 양 여러 개의 인격체를 꺼냈기 때문이었다. 이와 관련된 사연도 있다. 주범의 감정 기복이 심하고 불안정하다는 사실을 눈치 챈 공범은 대화 중 '소극적이고 순한 성향을 A', '다소 거칠고 적극적인 성향을 J'라고 분리해서 부르기 시작했다. 주범은 종종 우울해하며 울기도 하고, 환청이 들린다고 얘기하면서 흥분하기도 하고, 때로는 확 가라앉는 등 감정 기복이 있었다. 그럴 때 공범이 "J를 불러 오세요"라고 말하면 어느새 진정하는 일이 반복됐고 주범이 우울할 때 달래는 방법으로 종종 사용했다고 말했다.

조사에서 살해 방법이나 시체 훼손, 유기 방법에 대해 물을 때도 주범은 이런 역할극을 이어갔다. 자기가 한 일이 아니라고 하여 수사관이 누가 했냐고 질문하면 J를 소환해서 "저 부르셨어요?"라며 다른 인격이 있는 것처럼 행동했다. 이런 장면을 처음 본 수사관들은 해리장애인가 생각하며 프로파일러를 찾았다. 그러나 해리장애를 겪는 사람이 A와 J를 자유자재로 부르고 구분해 자기 마음대로 인격을 왔다 갔다 하는 일은 쉽지 않고 그런 경우도 거의 없다. 면담에서 그러한 부분을 지적했고 어느 시점부터 두 가지의 인격체로 대하는 것을 포기했다.

피의자들은 무슨 대화를 나누었는지 명확히 기억하지는 못했지만 서로 다른 주장을 펼쳤다. 주범은 공범이 원하는 것을 들어 주려 사건을

내 안의 악마를 꺼내지 마세요

벌였다고 주장했고, 공범은 자신은 판타지라고 생각했지 실제 상황이
벌어졌다고는 절대로 생각하지 않았다고 주장했다.

현실이 된 상황극

사건 전날부터 당일 새벽까지 나눈 통화 내용을 아래에 정리했다. 두 사
람은 평소에도 잠이 안 오는 날이면 저녁부터 새벽까지 전화를 했는데
중간 중간 끊었다 다시 거는 일을 반복했다. 그러더라도 처음 통화 시작
할 때의 내용을 이어가는 방식으로 대화가 이어졌다. 그래서 정확히 어
느 시점에 어떤 이야기를 했는지 구별하기는 힘들어했다.

　공범이 먼저 "잠을 자야 하는데 잠이 안 와서 어떻게 하냐. 요즘 악몽
을 꾸는 일이 너무 많다" 등 평소와 다름없이 이야기를 시작했고 잠을
자기 위한 방법에 대해 서로 대화를 나누었다. 그러다가 밤이 깊어지면
서 평소처럼 자연스럽게 글의 소재를 묻듯이 잔인한 내용의 대화가 오
고 갔다. 이날 새벽에 나눈 이야기는 당일 새로 시작한 것이 아니라 사
나흘 전부터 계속 이어온 이야기라고 했다. 두 사람의 진술을 합해 보
면 '살을 발라내는 방법, 사람을 기절시키는 방법' 등의 내용으로 대화
를 이어간 것으로 보였다. 주범이 '메스를 사용하는 것이 좋다, 사람을
기절시키려면 머리채를 잡고 벽에 세게 내리쳐야 한다' 등으로 답을 했
다. 공범이 물으면 주범이 대답을 하는 방식으로 대화가 이어졌다. 사람

을 죽이는 상황에 대해 음성 통화로 이야기를 풀다가 전화가 끊어지고 메신저로 넘어갔다. 이때도 주범이 "뭐 갖다 줄까?"라고 물으면 공범이 "내가 받는다면 폐 하고 오른쪽 새끼손가락" 이런 식의 대화로 이어갔다. 며칠간 계속된 이야기여서 정확하게 기억이 나지 않는다고 주장했지만 대강 이런 내용이 오갔고 실제 사건에도 이때의 대화 내용이 반영되어 있었다.

앞서 설명했지만 SNS에서 대화를 나눌 때 각자의 캐릭터 특징을 정의하고 그에 맞춰 이야기를 만드는데 공범의 주장대로라면 원래 자신의 캐릭터가 선호하는 장기 부위가 있었다는 것이다. 그리고 이전에도 이런 부분을 언급한 대화가 있고 다른 스토리에도 이런 내용이 반영된 적이 있다고 했다. 자신이 실제 사건이라고 생각하지 않았다는 사실을 설명하기 위해 무척 애쓰는 모양이었다.

아침 무렵까지 이런 대화를 나누다가 잠이 들었던 공범이 아침에 일어나려 해도 다시 몸이 처져 주범에게 전화를 걸었다. "나도 이제 잠을 깨야 할 것 같고 꿈자리도 안 좋아서 목소리를 듣고 통화하면 깰 것 같아서 전화했다"라고 얘기를 했고, "일어나기 싫은데 어떡하지, 밥은 해 먹어야 하는데 귀찮아서 어떡하지" 등 평소와 비슷한 얘기를 나누다가 전화를 끊었다. 그리고 다시 전화하기 전 메신저로 "지금 전화해도 돼?"라고 공범이 묻자 주범이 "잠깐만" 하고는 거울에 비친 자기 모습을 사진으로 찍어 보내줬다. 얼굴은 휴대폰으로 가리고 머리에서 무릎

내 안의 악마를 꺼내지 마세요

까지 나오도록 찍은 사진이었다. 상의는 흰색 옷을 입었고 아래는 정확하게 기억나지 않는다 했다. 공범은 "예쁘게 입었네"라고 말했고 주범은 "사냥하러 갈 때에는 흰색 셔츠를 입는다. 그게 나름 미학이다"라고 답했다.

공범은 일종의 코스프레로 인지했다고 하지만 주범은 그 복장으로 나가 피해자를 선정하고 유인했으니 한숨이 절로 나온다. 공범은 주범이 좀 불안한가 하는 정도의 생각은 했지만 대수롭지 않게 넘겼다고 했다. 이전 대화에서도 '도축, 고문, 구속' 등의 단어를 쓰던 사람이었기 때문에 '사냥'이라는 단어에 별다른 느낌을 받지 않았다는 것이다.

주범은 피해자를 집에 데리고 와서도 차마 표현하기 힘든 대화를 이어 갔고 공범은 계속 판타지로 생각하며 이야기를 받아줬다. 그전에 어떤 내용의 대화를 나누었든 실제로 일어나는 상황을 전혀 인지하지 못했다는 부분에서 피해자를 살릴 수 있는 유일한 사람이 공범일 수 있었다는 생각 때문에 아직도 너무너무 안타깝다.

이들이 즐겨 나누던 대화, 즐겨 보던 국내외 드라마, 소설의 소재는 잔인한 정도가 상상 이상이고 다 나열하기 힘들 정도로 많았다. 온라인상에서 벌어지는 일들에 대한 지식이 부족해서 이해를 잘 못한다고 생각할 수도 있을 것 같다. 그러나 온라인과 오프라인을 구별하지 못하고, 현실과 상상을 구분하지 못해 범죄로까지 이어지는 상황이라면 차라리 모르는 편이 나은 것은 아닌지 생각해 보게 된다. 또 이들이 이 지경이 될 때까지 우리 사회는 무엇을 했는지도 물어야 한다.

스스로의 잘못을 인정하는 것이 치료의 시작

대법원은 원심 그대로 주범에게 징역 20년, 공범에게 징역 13년을 확정했다. 위치 추적 전자장치(전자발찌)는 주범만 30년 동안 차게 됐다. 두 사람이 만기 출소한다면 주범은 2037년, 공범은 2030년에 출소한다. 그러나 수감 생활 중 문제를 일으키지 않으면 가석방을 시켜 주는 경우가 많기에 만기 전에 출소할 수도 있다. 이들이 사회에 나와서 제대로 생활할 수 있을까? 아니 이들이 석방되기 전 사회에 적응할 수 있는 훈련을 시키기는 할까? 본인들이 벌인 일이 무엇이고 왜 범죄와 만나게 되었는지 충분히 이해할 수 있도록 수감 중 이들에게 적절한 조치가 이뤄질까? 여러 가지로 걱정이 된다. 범죄를 저질렀지만 사회에서 생활할 날들이 많기에 이들이 적응하면서 살 수 있도록 준비는 시키고 있는지 묻고 싶다.

자백을 받으려고 공을 들이는 이유는 단순히 범죄자에게 벌을 주기 위함이 아니다. 자신들이 저지른 잘못에 책임을 지는 것은 너무 당연하나 한편으로는 스스로 어떤 일을 벌였는지 명확히 인식하는 데서 이들의 치료가 시작되기 때문이었다. 계속 부인하다 보면 '실제로 내가 한 일이 아닐 수도 있어'에서 '아마 아닐 거야'로 그 다음에는 '억울해, 내가 한 일이 아니야'로 발전할 수 있고 그렇게 생각해 버리는 순간 치료의 기회가 사라진다. 그래서 본인들이 한 일이 무엇이고 얼마나 위험한 일이었는지 스스로 이야기하게 했던 것이다.

학교에 잘 적응하지 못하는 청소년, 그래서 학교 밖에서 배회하면서 대안학교 등을 전전하다가 결국 집 안에 갇히게 되는 청소년을 위해 사회가 무엇인가 해야 한다. 개인이 저지른 일에는 반드시 책임이 따르고 책임을 감당해야 하는 것이 맞지만 개인의 책임으로 치부하기에는 부모이면서 양육자이고 성인인 우리의 책임도 있다는 사실을 꼭 상기시키고 싶다. 우리 생각보다 훨씬 많은 수의 아이들이 학교 밖에 머무르고 있다.

여덟 살 딸을
살해한 어머니

NOT CROSS • CRIME SCENE DO NOT CROSS • CRIME SCENE DO NOT CROSS • CRIME SCENE DO NOT CROSS • CRIME SC

유난히 추웠던 1월 어느 날, 원룸이 밀집한 주택가 건물에서 연기가 계속 뿜어져 나오고 있다는 신고를 받고 소방과 경찰이 출동했다. 한참 문을 두드리자 삼십 대 여성이 초췌한 얼굴로 문을 열었다. 연기의 출처는 화장실이었다. 화장실은 3.3제곱미터 정도 크기였고 바닥에는 혈흔들이 관찰되었으며, 세면대 아랫부분과 벽면 타일에서 흩어진 비산혈흔이 관찰되었다. 양변기와 세면대 사이 바닥에 이불들을 쌓아 놓고 불을 붙여 이불이 약간 소훼(불에 타서 없어진)된 상태였다.

화재 현장에서 발견된 시신

큰불로 번지기 전 정리되었지만 연기보다 참기 힘든 이상한 냄새가 원룸 안에 가득했다. 추운 날씨임에도 매트리스 주변 온도는 12도씨쯤으

　　　　　내 안의 악마를 꺼내지 마세요

로 서늘했다. 매트리스와 벽면 사이 안쪽에서 아이 시신이 이미 부패가 진행된 상태로 발견되었다. 분홍색 내복을 입고 베개를 베고 천장을 바라보는 자세였다. 방 안에는 다 먹은 컵라면 용기와 빵 봉지, 음료수 빈 캔 등 쓰레기가 그득했다. 방 안에 있는 베개와 이불 곳곳에도 혈흔이 있었고 싱크대 위에는 피 묻은 과도가 놓여 있었다. 가스 배관 일부가 잘려 있는 모습도 보였다. 집 안이 어지럽혀 있지만 정작 있어야 할 가전 집기는 보이지 않았다. 뭔가 텅 빈 느낌이랄까?

강한 저항의 흔적은 관찰되지 않았으나 피해자 등 부위에 이불 문양 등이 고정된 것으로 미루어 보아 사망 후 상당 시간 방치된 상태였다. 친모인 피의자는 베개로 얼굴 부위를 눌러 살해했다고 진술했다. 피의자를 현장에서 현행범으로 체포했으나 방화 중 생긴 화상 때문에 병원으로 후송했다. 여덟 살밖에 안 된 딸을 살해한 비정한 어머니지만 상처를 확인했다면 치료가 우선이었다. 화상에 대한 처치를 했으나 자해로 인한 상처도 남아 있었고 임신당뇨에 적절한 처치를 하지 않아 상처 부위가 괴사하고 있다고 했다. 이미 치료 시기를 놓쳐서 괴사하고 있는 부위는 절단할 수도 있다는 의사 소견도 전해 들었다.

화상 치료를 마치고 나서야 피의자를 만날 수 있었는데 친딸을 살해한 이유가 기가 막혔다. 남편이 워낙 딸을 예뻐해서 딸을 죽이면 남편이 슬퍼할 것 같아서, 자신과 딸만 남겨 두고 떠난 남편한테 복수하기 위해서라고 했다. 딸을 죽이고 자신도 자살할 생각이었다고 이야기했다. 그런데 죽는 일이 생각보다 쉽지 않았다고 했다. 손목도 그어 보고, 발목도 그어 보고, 가스를 틀어 놓고 불을 붙이고, 목을 매려고도 했지만 모두 실패했다며 그 과정에서 자해 흔적이 생겼다고 설명했다.

남편을 향한 복수

피의자는 딸 셋 중 장녀였는데 무슨 이유에서인지 자신만 할머니 집에서 생활했고 단 한 번도 부모가 자신을 사랑한다고 느껴본 적이 없다고 했다. 어린 시절부터 언어폭력에 시달리며 성장했다고 자신의 신세를 한탄했다. 키가 커서 초등학교 3학년 때부터 배구를 시작한 피의자는 주전으로 뛸 만큼 실력이 있었으나 중학교 3학년 때 무릎 부상을 당하면서 고등학교에 겨우 진학할 수 있었다. 그런데 고등학교 진학 후에는 무릎 때문에 더 이상 운동을 할 수 없게 됐고 학교에도 적응하지 못해 고등학교를 그만두게 되었다. 이후 중국집, 편의점 등에서 아르바이트로 경제활동을 하던 중 만난 남자와 교제했고 임신으로 결혼까지 하게 되었다고 한다.

결혼 후 아이 둘을 낳고 10년 가까이 살았으나 사이가 나빠져 도망치듯 집을 나왔다. 그러다 인터넷 채팅을 통해 한 남자를 만나 동거를 했고 두 사람 사이에 사건 피해자인 딸이 태어났다. 아이 아버지는 혼인신고와 출생신고를 원했으나 전남편과 법적 문제가 해결되지 않은 피의자

내 안의 악마를 꺼내지 마세요

는 차일피일 미뤘다. 결국 아이가 학교에 입학할 시기가 되었음에도 출생신고를 하지 못해 아이는 학교에 가지 못했다. 아이 아버지는 딸을 무척 사랑했고 빠른 시일 내에 피의자가 전남편과 법적인 문제를 해결하길 원했다. 협박도 하고 달래기도 했으나 해결되지 않자 출생신고 전까지 집에 들어오지 않겠다고 선언하고 아이 아버지는 집을 나갔다.

경제적 지원도 멈췄다. 피의자는 생활비가 떨어지자 집에 있는 물건들을 하나씩 팔아서 생활을 이어갔다. 집 안에 가전 집기가 없었던 이유는 모두 팔았기 때문이었다. 집이 텅 빈 느낌이 들도록, 더 이상 팔 수 있는 물건이 없을 정도까지 갔다. 경제적 지원을 요청해 아이 아버지는 매달 30만 원에서 40만 원 정도의 생활비를 보내 줬으나 늘 부족했고 6개월 전부터는 어떤 방법으로 복수할지 고민하게 되었다고 했다. 이 부분에 대한 아이 아버지 진술은 달라서 매달 월세 포함 120만 원 정도를 보내 주었다고 했다.

피의자는 아이 아버지와 동거 전에는 교제 중인 남자에게 물건을 구입하도록 한 뒤 소식을 끊거나, 그 사람들의 물건을 훔쳐 사기, 절도 등으로 전과 7범인 상태였다. 그런데 어린 딸이 있어 더 이상 경제활동을 할 수 없고 다른 사람을 만날 수도 없는 상황에서 자신이 할 수 있는 일은 오로지 복수 후 자살하는 일이라고 했다. 아이 아버지가 너무 미워서 가장 가슴 아프게 할 수 있는 일을 선택했다고 말했다. 홧김에 나가라고 했지만 진짜 나갈 줄은 몰랐다며 아이 아버지를 원망했다. 그런데 더 가슴 아픈 일은 참고인 조사를 마친 아이 아버지가 아이의 장례도 치르지 못하고 지인의 주거지인 아파트에서 떨어져 사망한 것이다. 딸을 지켜주지 못한 책임이 자신에게 있다며 아이를 혼자 보낼 수 없다는 내용의 유서만 남긴 채 세상을 떠났다.

살면서 단 한 번도 따뜻한 사랑을 받아 보지 못했다는 피의자는 아이 아버지와 살면서 처음에는 너무 만족했지만 결국 자신을 버리고 떠났고 돌아오지 않자 복수할 생각에만 몰두했다고 고백했다.

용돈을 주지 않는다고
아버지를 살해한 중학생

어떤 직업이든 저마다의 어려움이 있을 것이다. 프로파일러라는 직업도 다르지 않아 여러 가지로 힘든 일이 많다. 살인 사건 현장을 보는 일도 쉽지 않고 그 사건을 저지른 범죄자를 만나 사건의 전말을 듣고 왜 그런 범죄를 저지르게 되었는지 탐색하게 하는 일도 만만치 않다. 그래서 더 더욱 상담 훈련 중 배웠던 대로 공적인 일과 개인적 삶을 분리하려 노력한다. 그럼에도 나이가 어린 피해자나 범죄자 관련 사건을 마주하면 그 노력이 힘을 잃는다.

의지할 곳 없는 아이

2016년의 일이다. 부모 이혼으로 초등학생 무렵부터 아버지와 단둘이 생활하게 된 피의자는 중학생이 되고 사춘기를 맞이하면서 그야말로 질풍노도의 시기를 보내고 있었다. 어머니는 다른 남자와 결혼해서 아들과 같은 동네에서 살았다. 덕분에 가끔 어머니 집에 찾아갈 수 있었다. 아들은 어머니와 함께 생활하고 싶었으나 어머니와 재혼한 아저씨가 아들을 싫어했다. 어쩌다 방문할 때도 달가워하지 않아 같이 사는 것은 이룰 수 없는 꿈이었다.

그러던 중 아버지의 건강이 악화되어 점차 누워서 생활하는 시간이 길어졌고 의식주 해결에도 어려움이 많았다. 컵라면이나 편의점 음식으로 끼니를 때울 때가 많았고 어리광은 고사하고 필요한 물건을 사 달라고 할 수도 없었다. 친구들과의 관계도 멀어졌고 병든 아버지의 잔소리나 심부름 때문에 하루하루가 힘들어졌다. 학교생활에도 점점 흥미를 잃기 시작했고 혼자 있는 시간이 많아졌으며 이야기할 사람도 없었다. 아버지 때문에 집에 방문하는 사회복지사를 통해 약간의 도움을 받기는 했지만 심심하고 외로운 나날의 연속이었다.

평범한 시작, 예상할 수 없던 결말

범죄가 발생한 날, 피의자는 아버지에게 평범한 요구를 했다. PC방에 갈수 있도록 천 원만 달라고 부탁했다. 대꾸도 하지 않고 돌아누운 아버지한테 반복해서 돈을 요구했다. 없다는 대답만 돌아왔다. 사실 피의자는 며칠 전 아버지가 돈을 양말 속에 넣어 두는 모습을 보았다. 돈이 없다

내 안의 악마를 꺼내지 마세요

는 아버지의 말이 거짓말임을 알아 "제발 딱 천 원만 달라"고 사정했지만, 귀찮다는 듯 아버지는 입을 꾹 다물었다.

혹시나 집 안에 동전이라도 있는지 찾아봤지만 백 원짜리 하나도 발견하지 못했다. 급기야 제대로 거동하지 못하는 아버지의 몸을 뒤지기 시작했다. 아버지는 있는 힘을 다해 피의자를 밀쳤다. 거기에 질세라 눈에 보이는 효자손으로 피의자는 겨우겨우 움직이는 아버지를 제압하며 양말에 있는 돈을 꺼내려 노력했다. 그러다 효자손이 부러지고 양말에 접근이 어려워지자 방구석에 놓여 있던 작은 상의 다리를 부러뜨려 아버지를 때리기 시작했다. 그것도 모자라서 욕실에 있던 세제를 가져와 아버지 얼굴에 마구 흩뿌렸다. 시간이 얼마나 지났을까. 아버지의 움직임이 잦아들었다. 피의자는 재빨리 아버지 양말을 뒤져 만 원짜리 두 장을 꺼냈다. 그러고는 아버지가 일어날까 봐 서둘러 집 밖으로 나왔다.

그 뒤 피의자는 PC방에서 두 시간가량 머물다 집에 돌아왔다. 아버지가 자신이 나갈 때와 똑같은 모습으로 누워 있었다. 순간 이상하다는 생각이 들어 아버지를 흔들어 보았지만 움직이지 않았다. 무서워서 사회복지사에게 아버지가 이상하다며 전화를 했고 사회복지사가 왔을 때는 이미 사망한 상태였다.

지병이 있긴 했지만 갑자기 사망할 정도는 아니었기 때문에 아버지의 죽음에 영향을 준 요인은 아들과의 몸싸움뿐이었다. 아버지 얼굴에 뿌린 세제의 양이 많아서 제대로 숨을 쉬지 못했을 것 같았다. 제대로 먹지도 못하고 치료도 받을 수 없었던 아버지는 아들과의 실랑이 중 사망했으나 피의자는 그것을 알아차리지도 못한 채 밖으로 나가버렸다. 자신이 아버지를 효자손과 상다리로 때린 사실, 세제를 뿌린 행동, 아버지와 실랑이를 벌인 일은 모두 인정했지만 죽이지는 않았다고 말했다. 아니 자신이 나갈 때 아버지가 죽었는지 몰랐다며 꺼이꺼이 소리 내 울었다. 아직 아이 티를 완전히 벗지 못한 중학생이었다.

이 비극은 누구의 책임일까

형사미성년자(14세)를 벗어난 나이라 제대로 재판을 받아야 하는 상황이었다. 그러나 이야기를 들을수록 기가 막혔다. 그렇게 면담을 하던 중 누군가 면회를 왔다는 연락을 받았다. 혹시라도 피의자가 만나지 못하게 될까 봐 면담도 잠시 멈추고 면회를 다녀오길 기다렸다. 잠시 뒤 돌아온 피의자 표정이 나가기 전보다 어두워 보였다. 면회를 온 사람은 어머니였다. 그런데 왜 그리 표정이 어둡냐고 물었으나 아무 답도 하지 않고 면담을 계속하겠다고만 했다.

면담을 하는 내내 주기적으로 고개를 움직이고 소리를 내는 습관이 관찰되어 이유를 물으니 틱장애가 있다고 했다. 부모님이 이혼한 후부터 이상하게 자꾸 눈도 깜빡이고 고개를 움직이는 버릇이 생겼는데 고치려고 해도 고쳐지지 않고 오히려 소리까지 나기 시작했다며 그것 때문에 학교에 가는 것이 더 싫어졌단다. 아버지의 사망과의 연관성에 대해서는 명확히 인정하지 않았지만 집에 오는 사람이 없고 나갈 때와 똑같은 모습으로 있었으니 본인 때문이 맞는 것 같다고 말했다. 그래서 벌을 받는 게 맞는 일 같다고 했다. 잘못에 대한 책임을 지는 것이 맞다고 설명하며 혹시 일찍 나오게 되면 누구와 생활하고 싶은지 묻자 조금 전에 면회 중 어머니랑 같이 살아도 되는지 물어봤는데 어머니가 끝까지 대답을 안 하고 갔다며 눈물을 뚝뚝 흘렸다. 고개가 흔들리고 원하지 않는 소리도 내며 눈물을 흘리는 피의자를 보며 가슴이 미어졌다.

이제 겨우 중학생인 이 아이한테 책임을 묻는 것이 정말 정당한지 되묻고 싶었다. 아버지를 죽인 아들! 용서받을 수 없는 일이지만 과연 사회의 책임은 없는지, 나는 책임에서 자유로운지 스스로 묻고 또 물었다. 면담자가 피의자를 앞에 놓고 울먹여서는 절대 안 된다고 생각하면서도 눈물을 참기가 힘들었다.

아직은 어머니가 그리운 중학생 피의자

피의자는 어려서부터 부모가 싸우는 모습을 자주 보면서 성장했고 부부싸움을 하면 집을 나가버리는 어머니를 보면서 어리광 한번 제대로 부리지 못했다. 어리광은커녕 먹는 것, 입는 것도 제대로 챙겨 주지 않는 부모라도 곁에 있어 주기를 바라는 마음이 간절했다.

중학생인 피의자의 법적 양육자는 아버지였지만 누가 누구의 양육자인지 알 수도 없는 상태에 이르렀다. 한창 친구들과 뛰어놀고, 자기 방에 들어앉아 친구들과 게임에 몰입하기도 하며, '밥 먹어라, 씻어라, 일찍 들어와라' 하는 부모의 잔소리도 들어가며 건강하게 성장해야 하는 시기다.

그런데 피의자는 어머니 정이 그리워 어머니를 찾아가면 아저씨한테 혼나고 폭행을 당하기 일쑤였고 집에 오면 아픈 아버지가 누워 있는 모습만 봐야 했다. 생활력 없고 무능한 아버지가 예뻤을 리 없다. 그나마 PC방에 갈 돈 천 원도 주지 않는 아버지가 곱게 보였을 리 없다. 너무 힘들고 짜증나서 순간적으로 아버지한테 화풀이를 했다는 중학생 피의자, 그렇게 쉽게 사망할 줄은 몰랐다는 피의자는 자신이 어떠한 상황에 놓였는지도 잘 모르는 것 같았다. 아버지마저 없어진 상황에서 어머니도 오지 말라고 하면 어떻게 될지만 걱정했다.

물론 이보다 더한 상황에서 부모와 어린 동생들을 돌보며 생활하는 아이들도 있다고 한다면 할 말은 없다. 그러나 아이들이 행복하고 건강하게 성장할 환경을 만들어 주는 일은 어른들과 사회의 몫이다. 스트레스를 이기지 못해 틱장애를 갖게 되고 어머니와 같은 공간에서 사는 평범한 바람조차 허락되지 않는 중학생 피의자에게, 대안으로 제시할 수 있는 게 아무것도 없는 나 자신이 너무 작고 부끄럽게 느껴졌다. 드러나지 않는 사각지대에 있는 이들을 위해 뭘 할 수 있을지 또다시 고민이 이어진다.

내 안의 악마를 꺼내지 마세요

악마를 꺼낸 사람들의 공통점

범죄를 죄종별로, 수법별로 나누기는 하지만 프로파일러들이 다루는 사건은 내용이나 방법이 워낙 다양하고 특이할 때가 많아 분류가 쉽지 않다. 앞서 다루었던 사건의 경우에도 외적으로 한두 가지 유사한 점이 있다고 하더라도 내용면에서는 사건마다 다양한 특성을 가지고 있다. 범행 동기도 제각각 나름의 이유가 있어 어떤 한 가지 동기가 작용했다고 보기 어렵기는 마찬가지다. 그러나 이들이 마음먹은 일을 실행까지 한 이유는 어쩌면 한 가지로 정의할 수 있을지도 모르겠다.

결국 범죄자들은 자신의 욕구를 충족시키는 방법으로 범행을 선택하고 실행하기에 이르렀다. 강력 사건을 저지르면 그에 대한 책임을 져야 한다는 사실도 모르지 않았을 사람들이다. 책임지는 일의 수준이 만만치 않음도 알았을 테다. 그런데 도대체 왜 그런 위험을 감수하면서까지 범행을 저지를 수밖에 없었는지, 마음속에 꼭꼭 숨겨둔 악마를 꺼낼 수밖에 없었는지 생각해 봐야 한다. 악마를 꺼낸 이들의 이야기를 통해 내 안에 있는 악마를 꺼내지 않을 방법을 찾는 데 도움을 얻으려는 의도이다. 그리고 영영 내 안의 악마와 '안녕' 하는 방법을 모색해 보려는 시도이다.

우리는 인상을 관리하며 살아간다. 남들한테 보이는 선한 모습 외에도 내면에 악마가 자라고 있다는 느낌을 받아 본 사람이 있으리라 생각한다. 나 역시 때로 삐죽 얼굴을 내미는 악마를 잠재우며 'Inner peace'를 되뇌는 순간이 있다. 타고난 기질 때문에 악마가 자주 얼굴을 내미는 사람도 있고, 웬만해선 악마와 직면하는 일이 없다가도 문득 한 번쯤은 '나한테 이런 면이 있었나?' 깜짝 놀란 사람도 아마 있을 테다.

좋은 경험은 좋은 선택을 이끈다

성선설을 믿는 사람들은 인간은 원래 선하게 태어난 존재이기 때문에 안전하게 잘 돌보기만 해도 스스로 선하게 성장할 힘이 있다고 믿는다. 반면 성악설을 말하는 사람들은 인간은 본래 악하기 때문에 어려서부터 스스로를 통제하는 방법을 가르치지 않으면 여기저기서 문제를 일으키게 된다고 믿고, 매 순간 자신을 통제하기 위해 부단히 노력하는 게 인간의 삶이라고 말한다. 어느 쪽이 맞는지 정확히 알 수는 없지만 둘 다 일면 타당한 부분이 있다.

나는 인간은 본래 선하다고 믿는다. 태어나서 이런저런 일들을 겪으며 백지였던 내면에 그림을 그린다고 생각한다. 그 과정에서 만족이나 불만족의 경험이 쌓이고 그 차이 때문에 서로 다른 선택을 하게 된다고 본다. 욕구가 충족되어서 기분이 좋았던 경험, 마치 아기가 어머니 품에 안겨서 따스하고 안정감을 느끼는 경험 같은 만족스럽고 행복한 경험이 많은 사람은 극한 상황에서도 그것들이 힘이 되어 더 만족스러운 결정을 하는 데 에너지를 쏟는다.

우리가 쌓아 온 경험을 보관하는 심리적 사진첩이 있다고 해 보자. 어렸을 때 충분히 만족한 경험, 행복한 경험을 자신만의 심리적 사진첩에 많이 보관한 사람은 그에 어울리는 경험을 선택하고 사진첩을 채우려 부단히 노력한다. 그렇게 한 장 한 장 채우다 보면 이런 경험이 일생에 영향을 미친다. 가지고 있는 많은 사진 중 스스로도 만족했고 상대방도 행복하게 했던 결정은 무엇이었는지, 어떤 선택이 삶에 도움이 될지를 선택의 순간마다 떠올리게 된다. 이런 과정은 놀랍게도 아주 순식간에 일어나고 기계적으로 시스템화되어 사고 과정에 영향을 미친다.

그런데 행복한 경험이 적은 사람, 아니 만족이 아니라 불편하고 불쾌했던 경험만 가지고 있고 발버둥치지 않으면 살아남기도 힘들었던 기억이 가득한 사람은 만족을 주는 결정이 어떤 것인지 탐색할 수 없다. 그러니 극단적 상황에서는 극단적인 선택을 하는 게 당연하다고 생각한다. 자신이 살아남아야 하니 상대방의 입장 따위는 살필 여유가 없다. 무시당하지 않고 의견을 묵살당하지 않기 위해 늘 언성을 높이고, 폭력을 행사하고, 상대방을 위협하고 겁주는 일에 몰두한다. 왜냐하면 그렇게 할 때는 최소한 자신의 말이나 행동이 관심을 받는다고 믿기 때문이다.

어렸을 때 필요한 경험

앞서 살펴본 사건의 피의자들은 다른 사람을 배려하고 감정을 공감하는 능력이 현저히 부족한 사람들이다. 면담 과정에서 듣는 많은 질문 중 하나는 그런 상황에서 범죄 말고 뭘 할 수 있냐는 것이다. 다른 선택은 없었냐는 질문을 내가 건네면 대부분 당황하며 한동안 말을 잇지 못한다.

아마도 어렸을 때 많은 경험이 필요하다고 하는 이유는 이 때문일 테다. 기억을 하든 못하든 우리는 직감적으로 내가 사랑받고 있는지 아닌지 알고 있다. 누군가 나를 지지하고 있다면 그 기대에 부응하기 위해서라도 열심히 살아야겠다고 다짐한다. 그런데 그 어느 곳에도 나를 지지하고 응원하는 사람이 없을 때, 춥고 배고프고 우울하고 죽을 것 같은데 아무리 둘러봐도 내 말에 귀 기울여 주는 사람이 없을 때, 개인은 수단과 방법을 가리지 않고 살아남기 위한 선택을 하는 것 같다.

개인은 누구나 기본적인 욕구를 가지고 있고 그 욕구를 충족시키기 위한 방향으로 선택하고 행동한다. 의식주와 연결된 욕구 이외에도 안전하고 싶은 욕구, 누군가에게 사랑받고 싶은 욕구, 그러기 위해 어딘가

내 안의 악마를 꺼내지 마세요

에 소속되고 싶은 욕구, 뭔가 의미 있는 일을 해내고 싶은 욕구, 힘이 있다고 느끼고 싶은 욕구, 다른 사람의 방해를 받지 않고 생활하고 싶은 욕구, 즐겁고 재미있는 시간을 보내고 싶은 욕구. 사람마다 크기는 조금씩 다르지만 이런 기본 욕구가 충족될 때 행복감을 느낀다.

그런데 한 번도 만족해 본 경험이 없는 사람들, 가부장적 분위기나 금방이라도 숨이 막힐 듯한 분위기에서 생활했던 사람들, 늘 비교당하고 무시당하고 너무 힘들어서 영혼이라도 팔아버리고 싶은 경험을 했던 사람들이 극단적 선택을 하는 것은 아닌지 생각해 보게 된다.

물론 같은 환경에 노출된다고 해서 모두가 같은 선택을 하는 것은 아니다. 또 어렸을 때 이런 환경 속에 있었다고 해서 다른 사람을 죽이고 범죄 행동을 저지르는 일을 정당화할 수는 없다. 피해자들이 그런 상처를 준 당사자도 아닌 데다가 누구든 성인이 되면서 극복할 수 있는 힘이 생기기 때문이다. 그러니 신체적, 정서적으로 건강한 상태를 만들어야 하는 것은 결국 내 책임이다. 이 부분에 대해서는 3부에서 자세히 다루어 보겠다. 부디 자신 안에서 악마를 꺼내는 일이 없기를 바라는 마음이다.

2

누구나
악마가 될 수
있다

DEVILS
×
PROFILER

DON'T BRING OUT THE DEVIL IN ME

현장에서 프로파일러들이 만나는 사건을 유형화한 한국형 범죄 분류 매뉴얼을 보면 범죄를 크게 살인과 성범죄, 방화, 기타로 구분해 놓았다. 그 안에서 살인은 금전 등 이욕 관련 살인, 성 관련 살인, 감정이 원인이 된 살인, 이상 범죄, 혼합형 살인으로 구분하고 있으며 피해자 수나 가족 내 살인 여부에 따라 분류하기도 한다. 성범죄의 경우도 성적 만족인지, 감정과 연관된 성범죄인지, 타 범죄와 연관된 성범죄인지, 집단 역동에 의한 것인지, 이상 성 행동인지 등 기준을 무엇으로 하느냐에 따라 분류가 달라진다. 방화 역시 한 가지 원인이나 동기로 범죄가 발생하진 않는다.

앞에서도 잠시 언급했지만 편의상 유형과 동기를 분류하기는 하나 범죄자들이 말하는 동기는 어느 하나 똑같은 경우가 없다. 범죄자 자체가 가지고 있는 성격이나 심리적 특성이 원인이 되기도 하고 상대방과의 상호작용 과정에서 생각하지 못한 일이 벌어지는 경우도 많다.

사이코패스나 정신이상과 관련된 범죄는 처음부터 범죄를 저지를 목적으로 상황을 조작할 수 있다. 그러나 대부분의 범죄는 의도와 동떨어진 결과다. 누가 언제 이러한 상황과 맞닥뜨리게 될지 예상할 수 없고 누구도 자유롭다고 장담할 수 없는 이유다.

내 안의 악마를 꺼내지 마세요

강력 범죄까지는 아니더라도 일상생활 중 자신도 모르게 불같이 화가 나서 스스로를 통제하지 못했던 경험, 스스로 깜짝 놀란 경험도 있을 수 있다. 또 개인적 요인뿐만 아니라 사회적 요인에 의해서도 예상치 못했던 상황과 맞닥뜨릴 수 있다.

여러 범죄 유형과 사례를 보다 보면 사람들이 스스로의 생각이나 행동을 통제하지 못하는 순간이 보인다. 감정의 변화를 일으키고 돌이킬 수 없는 선택을 하는 순간이, 멈췄어야 하는 순간이 보이는 것이다. 나와 별반 다르지 않은 평범한 사람들이 어떠한 상황과 맞물렸을 때 비합리적 선택을 하게 되는지도 엿볼 수 있을 것이다. 2부의 사례를 통해 객관적인 시선을 갖고 통제하기 어려운 순간에도 견디는 힘을 발휘하는 데 도움이 되길 바란다.

어쩌면 우리도 언제든 피의자의 자리 또는 피해자의 자리에 서게 될 가능성이 있다는 사실을 받아들이기가 쉽지 않겠지만, 최소한 우리와 완전히 동떨어진 일은 아니라는 점을 느낄 수 있을 것이다. 잘 배워서 잘 알게 된다면, 그래서 범죄와 연결되는 일이 얼마나 비합리적 선택인지를 깨닫게 된다면 유사한 상황에서 내 안의 악마와 만나지 않을 수 있으리라 믿는다.

달라지는
범죄의 유형

NOT CROSS • CRIME SCENE DO NOT CROSS • CRIME SCENE DO NOT CROSS • CRIME SCENE DO NOT CROSS • CRIME SC

사회가 변하면 사회에서 받아들여지는 상식의 내용이나 수준도 달라진다. 그렇다 보니 사회가 규정하는 범죄의 유형이나 성격도 점차 달라진다. 한 시대를 살아가는 구성원은 사회 구조, 문화, 기술 발전 등의 영향을 받기 때문에 사람이 벌이는 범죄의 내용이나 방법이 변화하는 현상은 어쩌면 당연할지도 모른다.

예전이라면 성범죄로 구분되지 않을 일이 사회 변화로 성범죄의 범주에 속하는 경우가 생기기도 했다. 유교문화에 뿌리를 두고 있는 우리나라 고유의 사회 분위기 때문에 예전에는 문제 제기가 힘들었던 일들도 지금은 공론화가 이루어진다. 아직도 양성평등의 개념을 이해하지 못하고 '나 때는 말이야'로 시작하는 말을 하는 경우를 종종 듣는다. 법 없이도 살 사람이라고 불리던 사람도 사회와 문화의 변화 흐름에 부응하지 못하거나 받아들이지 못해서 본인도 모르게 범죄의 길 위에 서 있게 될

내 안의 악마를 꺼내지 마세요

수도 있다.

뿐만 아니라 예쁘고 귀엽다고 아이의 몸을 함부로 만지거나, 체벌이나 훈육이라는 이름으로 신체에 상처를 남기거나 겁을 주는 일, 다른 사람에게 폭행이나 욕설을 가해 그것을 관찰하도록 하는 것 또한 학대나 폭력의 한 형태가 될 수 있다.

신체적 학대뿐만 아니라 정서 학대나 방임의 형태로도 얼마든지 범죄가 될 수 있고, 가족 구성원 중 한 사람에게 행사하는 폭력이 구성원 모두에게 영향을 미치고 이것 또한 범죄의 한 형태가 될 수도 있다. 누구도 나는 범죄와 전혀 무관하다고 할 수는 없다. 실제로 범죄 현장에서 만나는 사람 중 많은 이가 자신이 이런 일로 처벌받을지 몰랐다고 하니 말이다. 작정하고 범죄에 뛰어드는 경우도 있지만 처음에는 장난처럼 시작한 일이 자신도 모르는 사이에 범죄의 내용을 담고 있을 때도 있다. 급변하는 사회만큼 범죄도 내용 면에서나 방법 면에서 정말 다양하고 변화무쌍하다. 그래서 프로파일러는 퇴직하기까지 평생을 공부해야 하는 직업이기도 하다.

나날이 늘어나는
사이버 범죄

인터넷과 디지털 기술의 발전과 함께 사이버 범죄가 급증했다. 컴퓨터 시스템을 이용하여 개인 정보를 도용하거나 유출하고, 해킹이나 악성 소프트웨어를 이용해 타인의 재산을 가로챈다. 중고 거래를 빌미로 온라인 사기 행각을 벌이기도 한다. 프로파일러가 만나게 되는 강력 사건 중에는 온라인상에서 시작된 것들이 드물지 않다. 선의의 거래나 만남인 양 위장하고 유인한 후, 단순한 호기심으로 접근한 피해자를 주변 사람들에게서 고립되도록 차단한다. 피해자는 신체적, 정서적 학대에 금전적 피해까지 겪으며 삶이 송두리째 흔들린다.

익명성이라는 온라인의 특성이 피해자에게는 심적 부담감을 감소시키고, 피의자에게는 신원을 감추고 범행을 수행할 자신감을 올리는 방향으로 작용하는 듯하다. 마약이나 약물 같은 물건들이 불법 거래되고 이러한 행동이 범죄에 악용되기도 하는 등 너무나 다양한 형태로 진화

내 안의 악마를 꺼내지 마세요

하고 있음은 틀림없다. 연령대도 초등학생부터 청년, 노인을 가리지 않는다. 범죄 유형 역시 금전 범죄부터 성범죄, 살인까지 다양하기 때문에 경각심을 가져야 한다.

혼자 있는 아이의 위험한 대화 상대

어린 학생들이 공공연히 범죄의 대상이 되고 있는 사실을 그대로 보여주는 게 맞는 건지 조심스럽고 불편하다. 하지만 잘 알고 예방할 수 있길 바라는 마음으로 하나의 사건을 소개한다.

코로나19로 학교에 가지 못하고 2주간 자가 격리를 하게 된 초등학교 6학년 여학생이 있었다. 가족 모두 학교와 직장으로 가고 혼자 집에 남겨지자 방 안에서 휴대폰만 만지작거렸다. 친구들도 전부 학교에서 공부할 시간이라 누구와도 대화를 나눌 수가 없었다. 휴대폰으로 이것저것을 찾아보다 심심한 마음에 오픈채팅방에 들어갔다. 그 시간에 자신과 대화를 나눌 수 있는 사람들이 누구일지 깊게 생각하지 않았다. 그저 누군가 자신과 이야기를 나눠 주는 사실만으로도 좋아서 금세 빠져들었고 그중 한 사람과 일대일로 채팅을 했다.

피해자는 언니와 열 살 정도 차이가 나는 늦둥이로 태어났다. 평소에도 가족들이 피해자의 말에 귀를 기울이거나 원하는 바가 무엇인지 살피는 등의 세심한 보살핌을 받지 못한다고 느낄 때가 많았다. 그렇다 보니 피의자의 작은 관심에도 급속도로 마음을 열고 친밀감을 느꼈다. 격리 기간이 끝나고 며칠 뒤 피의자는 직접 만나자고 청했고 피해자가 살고 있는 지역으로 찾아왔다. 처음 만났을 때는 피의자가 맛있는 음식과 음료를 사 줬다. 피해자가 초등학생이라고 말했지만 피의자는 그런 것은 상관없다며 친절하게 대해줬다.

두 번째 만남부터는 좀 달랐다. 밀폐된 방 형태 공간인 룸카페에 가자고 했다. 피해자는 그곳에서 벌어질 일은 상상도 하지 못한 채 맛있는 것 먹고 노는 곳이라는 말을 그대로 믿고 따라갔다. 그런데 은근슬쩍 신체 접촉을 했다. 나이가 어려도 성 결정권은 자기 자신에게 있으니 만지는 것이 싫지 않으면 원하는 대로 해도 된다며 거부할 수 없는 접촉을 해 왔단다. 이상하다는 생각이 들면서도 피의자가 돈도 많이 쓰고 예쁘고 귀엽다고 해 주니 뭔가 보답해야 할 것 같은 생각이 들고, 처음 겪는 일에 당황해 강하게 거부하지 못했다고 한다.

한 명이 아닌 피해자

그 일이 있던 날 집 근처까지 데려다주며 부모님이 걱정하시니 자신과의 일은 굳이 이야기하지 말라는 당부도 잊지 않았다. 이후 모텔과 피해자 주거지 근처 아파트 옥상 등에서 여러 차례 성 피해가 이어졌다. 모텔 출입에 문제가 있지 않았는지 물었더니 애플리케이션으로 예약한 뒤

내 안의 악마를 꺼내지 마세요

엘리베이터를 타고 바로 이동했으며 피해자가 겉으로 보기에 제법 성숙해 보여서인지 제지는 한 번도 없었다고 했다. 피의자는 긴 시간 만나지 못하는 날이면 영하의 날씨임에도 돗자리를 사 가지고 피해자가 다니는 학원 근처에서 끝나는 시간까지 기다렸다가 옥상으로 데려가 만진 적도 있다. 너무 춥다고 하니 그다음에는 초를 사 와서 켜 놓았다며 자신을 배려하려는 것 같았다고 했다. 춥고 하기 싫다는 말도 했지만 빨리 끝내야 집으로 갈 수 있어서 어쩔 수 없이 따랐다고 말했다.

피해자의 부모는 수사관의 연락을 통해 이 사실을 알게 되었다. 비슷한 사건으로 조사를 하던 수사관이 피의자와 피해자가 나눈 대화를 보고 사실 확인을 위해 피해자의 부모에게 연락을 했다. 처음 연락을 받은 보호자는 보이스 피싱으로 생각했다고 한다. 그런데 혹시나 하는 마음으로 아이의 일기장을 뒤져 보게 되었고 '오빠랑 모텔에 갔다. 오빠가 참 잘해 준다'는 내용을 발견했다. 고민 끝에 사회복지사에게 문의하고 112에 신고했다.

대학생인 피의자는 피해자가 초등학생이라는 사실은 알았지만 초등학생이라도 성 결정권은 본인에게 있다고 생각한다며 서로 사랑해서 한 일인데 무엇이 문제냐고 적반하장이었다. 모텔이나 룸카페 등에 간 사실과 약간의 스킨십이 있는 점은 인정했지만 실제로 성관계를 하지는 않았다고 딱 잡아뗐다. 그러나 피의자와 피해자가 주고받은 사진과 대화 내용이 너무 적나라했다. 또한 피해자도 한 명이 아닌 상황이었다.

피의자가 진심으로 자신을 사랑한다고 생각한 피해자는 조사가 진행되는 과정 중에도 피의자가 처벌을 받지 않았으면 하는 마음을 전했다. 그러나 또 다른 피해자가 있다는 사실을 알자 현실을 받아들였고 조사 과정에서 말하지 않았던 피해 내용까지 모두 진술했다. 면담이 피해자에게 익숙하고 편안한 환경인 주거지에서 이루어졌기 때문에 이전보다는 생생하고 구체적으로 진술할 수 있었는지도 모르겠다. 가족이나 친구에게도 말하지 못하고 은밀히 이루어진 일에 대한 죄책감과 피의자의 말이 맞을지도 모른다는 일말의 희망이 피해자를 끝까지 고민하게 만들었다.

피의자는 성인 여성에 비해 성적으로 취약하고 접촉이 용이하다는 점을 이용하여 초등학교 고학년인 열둘에서 열세 살 여자아이를 대상으로 선정하는 듯했다. 처음에는 오픈채팅방에서 대화를 나누다가 적당한 대상을 찾으면 일대일 대화의 형태로 바꾸고 이후 실제 만남을 유도하는 방식으로 범행이 이루어졌다. 이동 거리가 멀어도 대상만 선정되면 기꺼이 움직였음을 확인했다.

바쁘다는 이유, 요즘 애들은 간섭하면 귀찮아한다는 이유로 혹시 아이들에게 무관심하지는 않았는지 생각해 볼 일이다. 자녀의 성교육을 학교에만 맡기거나 남사스럽다는 핑계로 무관심하지는 않았는지도 생각해 봐야 한다. 물론 자녀들에게 성교육을 시키기 위해 그룹 성교육 프

내 안의 악마를 꺼내지 마세요

로그램에 참여시키는 부모도 있음을 알고 있지만 아직도 대부분의 보호자가 심각성을 체감하지 못한 것 같다.

성교육을 시키거나 받지 않았기 때문에 피해자가 된 것은 아니다. 다만 예전보다 의사소통이나 만남의 창구가 다양해졌고 기성세대가 따라가기 어려운 속도니 올바른 가치관을 정립할 때까지 무한한 관심과 사랑을 쏟아야 한다는 사실을 부모나 교사, 사회가 잊지 말아야 한다. 어쩌면 대학생인 피의자도 같은 이유로 피의자의 길에 서 있는지도 모르겠다.

혐오와
차별 범죄

CRIME SCENE DO NOT CROSS · CRIME SCENE DO NOT CROSS · CRIME SCENE DO NOT CROSS · CRIME SCENE DO NOT CROSS · CRIME S

혐오나 차별과 관련된 범죄도 증가하고 있다. 예전에는 '이만한 일쯤이야' 하며 넘어가고 '나만 당하는 차별도 아닌데 참아야지' 하고 받아들였던 일들이 자의식 발달과 다양한 정보 공유로 힘을 모을 방법이 생기면서 새로운 문제로 등장하기도 한다.

이러한 이유로 사회적 다양성이 인정되는 면은 긍정적인 변화이나 반대급부로 혐오 범죄와 차별 범죄가 증가하는 현상도 생기고 있다. 인종, 성별, 성적 지향 등을 이유로 폭력적인 행위를 벌이고 이러한 범죄로 피해자는 큰 고통과 씻을 수 없는 상처를 받는다. 개인의 취향이나 편견, 문화의 다양성을 인정하지 않는 데서 출발한 범죄를 저지르고도, 마치 대부분이 원하는 일을 자신이 대표로 실행한 듯 으스대고 영웅인 양 행동하는 범죄자도 있다.

일부 범죄자는 범행 이전에 정신적인 문제를 가지고 있었을 수도, 주취나 마약 등 약물의 영향을 받은 상태에서 범행을 저지를 수도 있다. 또 묻지마 살인이나 혐오 범죄는 사회적인 편견과 혐오에 기생해서 자신이 살해할 명분을 만드는 사례도 있다. 그들 주장이 진실인지는 개인의 심리 상태와 동기, 범행 당시 상황 등을 면밀히 검토해 봐야만 한다.

어떤 핑계로도 책임과 처벌을 피할 수는 없다

범죄자들이 정신적 문제, 주취, 묻지마 살인, 혐오 범죄, 순간적 충동을 핑계로 대는 데는 다양한 요인이 있을 테지만 일반적으로 다음 몇 가지 요인이 크게 작동한다. 가장 빈번하게 나타나는 이유는 책임 회피다. 범죄자는 범행을 정당화하려 외부 요소에 책임을 돌리는 경향이 있다. 심지어 소아기호증 같은 이상 성 행동으로 초등학교에 입학하지도 않은 여아를 강간한 피의자도 자기 범행에 대한 책임을 피해자에게 돌린다. '여아가 유혹했기 때문'이라고 터무니없는 주장을 펼치기도 한다. 정신적인 문제나 주취와 같은 상태를 핑계로 대면 자신의 범죄 행동에 대한 책임을 일부분 피할 수 있다고도 생각한다.

또 다른 이유는 스스로 느끼는 심리적 타격감을 상쇄시키려는 의도다. 자신의 행동에 대한 부끄러움이나 수치심을 덜기 위해 이러한 핑계를 사용할 수 있다. 자신을 변명하고 양심의 가책을 덜기 위한 방어 수단으로 작용한다.

범죄자 중 몇몇은 범행을 계획하는 단계부터 이러한 핑계를 미리 준비하여 스스로를 방어하고 처벌을 피하는 전략으로 사용하기도 한다. 재판에서 주장이 실제로 양형 참작 사유로 작용하는 경우도 있으나 정신 감정, 전문가 의견서 등을 통해 거짓을 가려내려 노력하기 때문에 스스로 주장한다고 그대로 받아들여지지는 않는다.

내 안의 악마를 꺼내지 마세요

국경을 넘어서는 범죄

CROSS • CRIME SCENE DO NOT CROSS • CRIME SCENE DO NOT CROSS • CRIME SCENE DO NOT CROSS • CRIME SCENE

활동이나 소통의 범위가 글로벌화되면서 세계 곳곳에 우리나라 국민이 진출해 있고 해외에서 한인 관련 사건도 심심치 않게 발생한다. 국내에서 계획하고 해외에 나가 실행하는 범죄도 있고, 해외에서 생활하는 자국민이 피해자가 되는 일도 있다. 해외에서 사건이 발생하면 자국민 보호를 위해 과학수사 요원이나 프로파일러가 현장에 직접 가서 자료를 수집하고 분석하는 사례도 종종 있다.

필리핀에서 사라진 아들

몇 년 전, 필리핀에 거주 중인 아들과 연락이 두절되었다가 얼마 뒤 거액을 요구하는 메시지를 받았다며 신고한 사건이 있다. 처음에는 '친구에게 폭행당했다'는 내용을 음성 메시지로 보낸 뒤 아들은 행방불명되었다. 그러다 다시 부친에게 '괜찮으니 신고하지 말아 달라'는 문자 메시지를 보내고 연락이 두절되었다. 그 뒤 아들과는 연락이 닿지 않는 상태에서 알 수 없는 인물이 부친에게 아들 사진과 함께 한화로 50억 원가량의 몸값을 요구하는 메시지를 보냈다. 내용을 접하고 우리나라에서도 부랴부랴 팀을 꾸려 필리핀으로 넘어갔다.

세계 여러 나라에 우리나라 사람들이 사업 및 연구 인력으로 진출해 있지만 특히 동남아 지역에 한인들이 많이 살고 있어 종종 크고 작은 사건들이 일어난다. 필리핀에도 코리안 데스크라고 해서 한국 경찰들이 상주하지만 인력이 턱 없이 부족한 터라 강력 사건이 발생하면 과학수사 등 필요한 수사 인력이 현지로 나가기도 한다.

대상자는 사업을 위해 현지에 나가 있는 상황이었다. 규칙적으로 출퇴근하는 편이었으며, 여가 시간에는 주로 PC방에서 게임을 하고, 이동 시 택시와 유사한 차량 공유 서비스인 그랩Grab을 이용하는 등 비교적 일정하고 예측 가능한 생활 동선을 가지고 있었다. 평소 인스타그램이나 페이스북 같은 SNS에도 수시로 접속하여 자신의 위치나 일상을 공유하고 온라인상의 지인들과 피상적인 채팅을 주고받는 일도 즐겼다.

신고가 있기 얼마 전까지만 해도 PC방에서 게임을 한 뒤 그랩을 불러 저녁 약속 장소로 이동, 친구와 저녁 먹는 모습을 SNS에 업로드하는 등 일상에서 크게 벗어나지 않는 생활을 했다. 그런데 그다음 날부터 인스타그램에 '스물여섯 시간째 잠을 못 잔다'고 언급해 뭔가 문제가 발생한

내 안의 악마를 꺼내지 마세요

것으로 보였고 그 후 회사에 출근 기록이 없었다. "왜 출근하지 않느냐"
는 직장 동료의 전화를 받고 "일이 있다"고 하는 등 평소와 다른 행동이
나타나기 시작했다. 그러고는 그날 저녁 집을 나간 뒤 돌아오지 않았다.

해외 수사의 어려움

국내에서는 수사 인력이 많다 보니 프로파일러 역할만 수행하면 되지만
해외에 파견을 나가면 프로파일러로서의 역할 뿐 아니라 현장 감식부터
영상 분석, 사이버 수사까지 한 명이 여러 가지 역할을 수행할 수밖에
없는 상황에 놓인다. 이 사건도 그랬다. 그동안 수집된 자료와 추가 자료
까지 확보해서 행적과 CCTV 등을 분석하고 대상자를 조기에 찾아 생명
에 지장이 없게 해야 했다.

나는 분석 후 집에서 나갈 때 이용했던 그랩을 찾는 것이 중요하다는
의견을 제시하고 주변인들을 만나기 시작했다. 이모라고 부르는 사람에
게 "출장을 가니 고양이를 맡아 달라"고 말한 점, 친구들과 나눈 대화나
SNS 사용이 비교적 자연스러운 점, 구인구직 사이트의 이용, 비트코인
거래소 이용 등의 정황이 일방적인 납치로 단정하기에는 무리가 있어
보였다. 며칠간 집에 돌아오지 않는 상황을 미리 인지하고 있다고 보이
는 정황이 존재했다. 자의적인 외출로 이 기간 동안 신변상 위험 징조는
발견되지 않았다.

그러나 이후 지인들에게는 "출장을 왔는데 금전 문제가 얽혀 출장이 길어진다", "가족 돈이 얽혀 있고, 돈을 빌려 준 지인이 잠적해서 해결해야 한다"며 핑계를 대는 정황도 확인했다. 집세를 낸다는 명목으로 돈을 빌려 지인에게 전달하기도 하고 또 다른 사람에게 돈을 받기도 하는 등 금전 부분 문제점이 여기저기에서 포착되었다. 예상치 못했던 곤란한 상황이 발생해 본인이 애초에 계획했던 날짜에 집에 돌아갈 수 없었고 추가로 돈이 필요한 상황이 되었을 가능성이 존재했다. 이후 연락도 차단하고 신고하지 말아 달라고 간절하게 부탁하는 등 상황이 좀 더 급박하게 진행되는 것으로 보였다. 초반에는 자의에 의하여 행동한 듯하나 시간이 경과함에 따라 무언가 수습하려는 양상이 나타났고 자신이 온전히 통제하기 어려운 상황으로 발전한 듯했다. 그야말로 납치 상황이 벌어지고 있다고 예상되는 양상이었다.

필리핀에는 워낙 카지노가 많다 보니 유혹에 노출되기 쉽다. 한번 도박을 시작하면 중단하기 어려워 돈을 구하려 수단과 방법을 가리지 않는 사례가 많다. 그중에는 부모에게 자신이 위험에 처했음을 암시해 돈을 구하는 경우도 있어 양방향으로 탐색이 필요했으나 현지 상황은 분명 납치가 의심되었다. 타국이니 이런 사건에는 현지인이 포함될 수밖에 없고 위험한 상황이 되면 본인들의 신변이 노출되지 않는 방법으로 사건을 마무리하려고 한다. 그러다 우리나라 사람들이 위험에 처하기도 한다. 그러니 대상자의 안전을 위해 총력을 기울여야 했다. 해외까지 파견 나온 이유는 자국민 보호 때문이니까.

촘촘한 분석과 추적

협박성 메시지 내용도 분석했다. 시간대가 일정한 패턴을 보이지는 않지만 오전보다는 오후나 야간 시간대에 집중되어 있으며 심야에 오는 메시지 양도 상당했다. 한국인이 아님을 주장하며 영어로 대화를 요구하고 번역기를 쓰라고도 했지만 또 한국인 친구의 도움을 받는다고 주장하며 한글 메시지를 전송했다. 그 이틀 뒤에는 다른 사람의 부탁을 받고 대신하는 어투에서 자신의 감정을 실은 명령조의 어투로 변경되었다. 인질범은 영어를 모국어로 사용하지 않는 자이며, 비교적 단순한 문법과 어휘를 사용하지만 큰 불편함 없이 영어로 의사소통이 가능한 수준으로 추정되었다. 문장으로 국적을 특정할 수 없으나 한국어를 직역한 것으로 의심되는 문장 구조나 단어가 나타났다.

여섯 명이 하루씩 돌아가며 피해자를 감시하고 있고 중국인이 우두머리라고 초반에 주장했다. 그러다 빚만 갚으면 돌려보내 주겠다는 주장으로 바뀌고 그 금액도 점차 줄어들고 있었다. '원하는 돈을 준비하지 않으면 대화를 안 하겠다', '자살을 시도했다', '장기를 적출하겠다', '이미 적출했으니 추가로 할 수 있다' 하다가 급기야 저녁이 되자 '사망했다'는 영문 메시지를 보낸 후 다시 사망하지 않았음을 주장하는 등 이해하기 어려운 상황이 연출되었다.

감정적 동요가 심한 자이기 때문에 이를 출구 전략으로 활용할 가치가 있다고 판단했다. 사건 당시만 해도 가상자산인 코인을 아는 사람은 소수였는데 몸값을 가상자산으로 요구하며 자신들이 드러날 것에 대한 두려움을 비추기도 했기 때문에 이를 적절히 활용했다. 한쪽으로는 협상을 진행했고 다른 한쪽에서는 IP 추적을 벌여 피해자 위치를 파악하는 데 주력했다. 우여곡절 끝에 다행히 피해자를 무사히 구출했다.

앞으로도 일어날 가능성이 있는 사건이기 때문에 더 세세히 설명하지는 못하지만 파견 내내 마음 졸였던 생각을 하면 지금도 몸서리치게 끔찍하다. 필리핀은 자국민 총기 소지가 가능한 나라라서 늦은 시간 혼자서 돌아다니는 행동은 주의해야 하고 현지인과 아무리 가까워졌다 하더라도 위기 상황에서는 자국민의 편에 설 수 있음을 명심해야 한다. 어느 나라든 고유의 문화나 사회 분위기가 있음을 기억하고 주의해야 한다. 이외에도 이유가 명확하지 않은 피살 사건이 일어나기도 하고 해외에서 우리 국민이 범죄의 위험에 빠지는 일은 그리 드물지 않다. 해외에서는 아무리 수사진이 있어도 어려움이 존재한다. 매사에 조심하고 스스로를 지키는 데 더 신경을 쓰는 일이 최우선이다.

코로나19와
함께 온 변화

CROSS • CRIME SCENE DO NOT CROSS • CRIME SCENE DO NOT CROSS • CRIME SCENE DO NOT CROSS • CRIME SCENE

코로나19 사회적 거리두기로 대인관계에 제한이 생기고 대면 만남의 기회가 줄어든 채 몇 년을 보냈다. 그 사이 일반적인 변화와는 다른 양상을 경험했다. 아직 통계적으로 의미가 있는 변화인지 확인하지는 못했으나 가족 내 살인, 청소년 자살 등이 이전보다 증가했음을 체감한다.

코로나19 팬데믹 기간 직장을 쉬거나 재택근무, 재택교육을 하는 사람이 늘어나 가족과 함께 보내는 시간이 이전보다 증가했다. 그러면 가족 사이에 유대감이 생기고 이전보다 훨씬 긍정적인 양육 환경이 되리라 기대하기도 했지만, 갑작스러운 변화에 적응하느라 이런저런 갈등을 경험하게 된 것 같다.

실직과 폐업으로 경제적인 능력은 줄었는데 함께 보내는 시간만 늘어나 문제가 생기기도 했다. 서로에 대한 격려나 칭찬 등 긍정적 신호를 보내기보다 잘못을 지적하거나 그동안 시간이 부족해 얘기하지 못했던 불만까지 쏟아놓으면서 감정을 자극하는 대화가 오가다 비난으로 이어지고 크고 작은 싸움으로 번지는 일들이 생겼다. 또 어떤 경우엔 상대방에게 꺼내 놓지 못하고 스스로를 괴롭히다가 자살이라는 극단적 선택을 하기도 했다.

화염 속에 서 있던 학생

아이들이 학교에 가지 못하는 일도 예상하지 못했던 초유의 상황이다. 이로 인해 하루 세 끼 식사를 챙기는 문제부터 온라인 학습의 어려움, 아이들과 하루 종일 시간을 보내면서 생기는 갈등, 아이들끼리만 두고 나갔을 때의 문제 상황 등 새롭게 조명되는 어려움도 많았다. 주입식 교육이니 창의력 말살 교육이니 하며 학교의 역기능을 떠들던 사람들도 "그냥 학교에 가기만 해도 좋겠다", "선생님이 얼마나 힘든지 알겠다"며 말하는 등, 학교와 선생님의 역할이 얼마나 큰지 느끼기도 했다.

경찰관으로서, 과학수사 현장에서 느끼는 변화와 두려움도 있었다. 지구대 근무를 마치고 귀가하던 경찰관이 근처 아파트에서 연기가 나는 모습을 보고 119에 신고했고 곧바로 소방이 현장에 도착했다. 신고자는 같은 단지 이웃 주민이었는데 갑자기 펑 하는 소리와 함께 창문이 깨지며 검은 연기가 뿜어져 나오는 장면을 목격했다고 말했다.

소방의 화재 진화 대원이 처음 피해자의 주거지에 도착했을 때 현관문이 잠겨 있어서 강제로 개방 후 진입했다. 내부에는 검은 연기가 가득 차 있어서 앞이 잘 보이지 않을 정도였다. 겨우겨우 시야를 확보했을 때 중학생쯤으로 보이는 남학생이 깨진 베란다 창문 앞에 화상을 입어 살이 녹은 채 서 있었다고 했다.

서둘러 학생을 구호 조치했고 주거지를 둘러보니 안방 옷장 주변에 약한 불씨가 남아 있는 것을 제외하고는 전체적으로 화염이 끝난 상태였다고 한다. 작은방 침대 매트리스 위와 책상, 주방 가스레인지 위에서 독립적으로 불이 붙은 흔적, 그러니까 의도적으로 불을 붙인 것으로 보이는 흔적을 발견했다. 각각의 발화 개소들이 서로 연결되지 않아 인적 요인 개입 가능성이 제기되었다.

의문이 풀리는 않는 부분은 또 있었다. 집 안에 집 전화나 휴대폰이 있음에도 불구하고 119에 신고도 하지 않은 채 화염에 휩싸인 채로 서 있었던 학생이다. 그런데 현장을 다녀온 과학수사 요원 중 한 사람이 이상한 것을 발견했다며 사진 한 장을 내밀었다. 학생이 온라인 수업용으로 사용하던 노트북 밑에 구겨져 있어 소실되지 않았다며 그림을 보여 줬다. 학생이 그린 것으로 보이는 그림이었다. 자신의 주거지를 그렸는데 그림 속에는 이런 문구가 쓰여 있었다.

'불이 붙으면 행복해 보이는 가족도…'

뭘 의미하는 걸까? 그려 놓은 그림대로, 써 둔 문구대로 불이 집 안 여러 물건과 가전, 집기를 모두 삼켜 버렸다. 물건뿐만 아니라 본인도 돌이킬 수 없는 상처를 입었다. 어떤 결과를 예상했는지 모르지만 학생은 3도 화상을 입고 병원으로 옮겨졌다가 얼마 버티지 못하고 사망했다. 아마도 예상한 결과 이상의 상황이 벌어졌음이 틀림없었다. 왜 그런 그림을 그렸을까? 엄마가 은행에 다녀오겠다고 잠시 자리를 비운 사이, 불과 30분 정도의 여유가 있었을 뿐인데 어떤 생각으로 그랬을까? 무엇이 이런 시도를 하게 만들었을까?

종종 불이 났다는 신고를 받고 과학수사 요원들이 현장에 가보면 초등학생이나 중학생이 아파트 주차장이나 재활용 쓰레기장에 불을 붙여 자칫 큰불로 번질 뻔한 아슬아슬한 현장을 보곤 한다. 그런 경우는 친구들끼리 이야기하다가 호기심에 장난으로 저지르는 일이 대부분이다. 친구들과 함께하다 보니 그중 어떤 친구는 말리기도 하고 누군가는 불이 붙은 것을 보고 깜짝 놀라 끄기도 하고 신고도 하기 때문에 큰불로 이어질 위험을 본인들이 대부분 제어하려 시도한다.

그런데 그날의 화재는 학교에 가지 않고 혼자 있는 시간, 친구들과의 소통 없이 혼자서 생각하고 혼자서 계획하고 혼자서 일을 저지르다 보니 본인이 예상하지 못한 결과가 벌어지지 않았을까 짐작한다. 학생이 회복되고 어떤 고민 끝에 그런 일을 벌였는지 대화를 나누어 보고 싶었지만 만날 수 없는 상황이 되었다. 정확한 정보를 얻지는 못했지만 만약 등교를 했더라면 같은 결과가 벌어지지는 않았으리라 생각한다.

오랜 시간 사회와 고립되면 여러 가지 형태로 문제가 발생한다. 직접 사람과 만나고 소통하는 방법이 아니라 온라인을 통해서만 소통하고 온라인에서 취득하는 정보가 전부라고 생각하게 되는 것 같다. 비대면이 장기화되면서 폭력 성향이 있는 온라인 활동을 통해 잔혹물의 소비나 성 착취물의 제작과 유포, 혐오 발언 등이 앞으로 계속해서 문제를 만들어 낼 것이라고 예측하는 사람들도 있다. 일방향 소통으로 지나치게 자기방어적 성향이 나타나기도 하고, 자기 몰두 행위에서 문제 상황에 고립될 수도 있다.

그래서 특별한 문제 행동이 발견되지 않고 정신과적 이상 소견이 없다 하더라도 예상하지 못한 방식으로 얼마든지 범죄나 위험에 연결될 수 있다. 사회적 끈으로부터 이탈된 상태가 길어지면 누구도 예기치 못한 방향으로 행동할 수 있다. 이렇게 예방이나 대처가 불가능한 상황이 우리가 가장 우려해야 하는 부분이다. 그리고 이러한 일들이 실제로 벌어지고 있다.

사회적 거리두기가 사라지고 경찰청 가까이에 위치한 중학교에서 체육대회를 하는 소리가 들려왔다. 얼마나 정겹고 친근하게 느껴지는지 모르겠다. 평소라면 시끄럽다는 생각이 들었을 수도 있는데 학생들이

웃고 떠드는 소리를 들어본 지가 너무 오래되어 그저 반가울 뿐이다. 특별히 누군가가 상담을 해 주지 않아도 학교에서 또래 친구들과 만나 웃고 떠들고 부대끼는 것만으로도 많은 문제가 해결된다는 마법 같은 사실을 이전에는 알지 못했으리라. 그동안 발산하지 못한 끼를 교실, 체육관, 미술실, 음악실, 과학실에서 발산할 수 있도록 교육과정의 변화를 요구하고 싶어진다.

자살,
스스로를 살해하려는 사람들

CROSS • CRIME SCENE DO NOT CROSS • CRIME SCENE DO NOT CROSS • CRIME SCENE DO NOT CROSS • CRIME SCENE

범죄 양상이 이렇게 다양해지는 상황에서 나는 범죄 행동과는 무관한 사람이라고 확정적으로 말할 수 있는 이가 있을까? 혹시 다른 사람을 해하거나 문제 행동을 벌일 것 같은 충동을 느낀 적은 없는가? 누구에게도 말하지 못했지만 내 안의 악마를 만난 적이 있지는 않은가? 범죄의 주인공은 절대 내가 아니라고 생각하겠지만, 내 안의 꿈틀대는 분노를 통제하지 못한다면 누구나 악마가 될 수 있다. 꼭 타인을 향한 범죄의 형태가 아니더라도 내 안의 악마를 잠재우지 못하고 스스로를 해하는 방법으로 꺼내는 사람들도 있다.

자살보다 좋은 선택지를 찾아야

'자살도 선택이다'라는 말을 들으면 어떤 생각이 드는가? 혹자는 배부른 소리 한다며 비난할지도 모른다. 그러나 너무 냉정하게 들릴지 모르지만 분명 자살은 선택이다. 개인이 선택할 수 있는 여러 가지 경우의 수 중 하나다. 살기를 선택하고 어떻게 살 것인지 고민으로 발전시키지 못한 결정이다. 세상과의 실랑이를 그만두고 스스로에게 피해를 주기로 한 선택이다.

누군가는 돈과 관련된 고민 때문에, 누군가는 사람의 배신으로, 누군가는 외로움 때문에, 누군가는 건강 때문에 세상과 이별을 선택한다. 물론 청소년의 자살은 조금 다른 관점에서 봐야 하겠지만 이들에게 부모가, 가정이, 학교가, 사회가 좋은 선택이 나와 너에게 도움이 된다는 사실을 제대로 알려줬더라면 그런 결정에 다다르지 않았으리라 생각한다.

한 개인의 삶이 그 개인에게만 속하지 않는다는 점을 우리는 너무나 잘 알고 있다. 만약 개인의 삶이 오로지 개인 하나에서 시작되어 개인의 영역 안에서만 존재한다면 일상생활 속에 존재하는 그 많은 스트레스와 갈등, 고민은 없을지도 모르겠다. 이런 이유로 자살은 극단적이지만 그렇게라도 무엇인가 얘기하고 싶고 책임을 지겠다는 마음에서 나온 선택이자 행동이라고 생각한다. 만약 자살보다 더 좋은 선택지가 있다는 사실을 알고 있었다면 자신은 말할 것도 없고 연결된 많은 이들까지 나락으로 떨어뜨리는 결정을 하지는 않았을 것이라고 믿고 싶다.

내 안의 악마를 꺼내지 마세요

동물, 어린이, 여성, 노인, 남성 대상으로 번지는 범죄의 크기

스쿨킬러로 불리는 일본의 중학생 연쇄살인마 이야기를 들어본 적이 있는지 모르겠다. 당시 열네 살이었던 범인은 동생의 친구를 유인해서 살해하고 시체를 유기했다. 그는 자서전에 할머니와 반려견의 죽음 후 사랑하는 존재를 차례차례 빼앗기는 일로 회의감에 빠지고 괴로웠다고 썼다. 무력감을 느끼고 죽음이란 무엇일까 고심했다. 죽음의 정체를 알아내기 위해 동물을 해부하기 시작했다. 처음에는 민달팽이, 개구리였지만 대상이 점점 더 커져 고양이를 죽여 보기도 했다. 그러다 마침내 인간을 죽여 보기로 결심했다. 범행이 어떻게 시작됐든 시간이 지날수록 수법도 진화하고 대상 선택도 대담해졌다.

우리나라에서도 동물을 대상으로 한 범죄 사례가 늘고 있다. 비둘기를 잔인하게 죽이는가 하면 고양이를 높은 건물에서 떨어뜨려 사망하게 하고 키우던 강아지를 유기하거나 잔인한 방법으로 살해하기도 한다.

금전을 목적으로 반려견을 모아 놓고 비위생적 환경에서 사육하거나 방치하는 사례도 어렵지 않게 접할 수 있다.

살인을 저지른 자들 대부분이 동물 학대나 곤충을 해부하는 일부터 시작한다고 할 수는 없으나, 이런 사례를 간과하면 자칫 더 큰 사고로 이어질 수 있다. 앞서 소개한 일본 사례에서도 어쩌면 문제 행동을 보인 초기에 개입이 이루어져 적절한 치료를 했다면 살인까지는 이어지지 않았을 수도 있다. 동물 학대를 하는 사람이 꼭 범죄를 저지른다고 단정할 순 없지만 사회적 약자를 바라보는 시선이 어떤지는 짐작해 볼 수 있다. 동물이든 식물이든 생명을 다루는 태도로 개인의 인성을 들여다볼 수 있기 때문이다. 이런 이유로 범죄자를 면담하는 과정에서 동물을 학대한 경험이 있는지 있다면 어떠한 방법으로 했는지를 확인한다.

개인이 스트레스와 분노 감정을 억눌렀다가 발산할 때 처음부터 자신이 도저히 대적할 수 없다고 생각하는 강한 대상을 향해 발산하지는 않는 것 같다. 자신이 통제 가능한 곤충에서 시작해서 조금 더 몸집이 큰 동물로, 그리고 어린이나 여성에게로, 그리고 남성을 포함하여 무차별적으로 발전하는 양상을 현장에서 확인할 수 있다. 범죄자 한 사람이 순차적으로 이러한 모습을 보이지 않더라도 이런 심리가 작용하기 때문에 남성보다는 어린이나 여성, 노인이 피해자로 우선 고려되는 것은 아닌가 생각한다. 사례를 통해서 사회적 약자와 관련된 문제들을 조금 더 살펴보려고 한다.

가리어진 범죄, 아동학대와 영아 살인

CROSS · CRIME SCENE DO NOT CROSS · CRIME SCENE DO NOT CROSS · CRIME SCENE DO NOT CROSS · CRIME SCENE

보건복지부가 출생 미등록 아동 전수조사를 하면서 영아 살해 이슈가 수면으로 떠올랐다. 그동안도 태어난 지 얼마 안 된 영아를 살해한 사례들이 없지는 않았으나 조사를 하며 생각보다 더 많은 수의 아동이 살해, 유기, 매매의 형태로 자취를 감췄다는 사실이 드러났다.

성인을 대상으로 한 살인은 살해 후 시체 유기가 쉽지 않아 처리 방법을 고민하고 공을 들이는 것과는 달리 생후 한 살 이내의 영아는 체구가 작아 일반 종량제 쓰레기봉투에 담아 버리는 등 상상하기 어려운 방법으로 유기한다는 사실이 드러나기도 했다. 야산이나 텃밭에 매장하거나, 김치통이나 비닐에 담아 냉동실이나 옥상에 방치한 경우도 있었다. 갓난아이를 양육이 어렵다는 이유로 조건 없이 타인에게 건네거나 비용을 받고 매매하는 일도 있었다.

출생신고가 되지 않은 영유아는 전국적으로 이천여 명에 이른다. 지금까지 발견된 사례 외의 아이들은 어딘가에서 잘 성장하고 있기를 바라는 마음이지만, 수사를 진행할수록 사망한 아동의 수가 증가하고 있는 상황이다. OECD 가입 국가 중 출산율이 가장 저조한 나라가 우리나라인데 낳은 아이조차 제대로 지켜 내지 못한다면 당장은 아니더라도 어느 순간 인구수 감소로 인한 위기에 봉착할 것이다.

사인을 밝히기 어려운 영아 사망

조사를 위해 만난 부부가 있다. 원래는 1녀 2남을 슬하에 두었으나 둘째는 생후 2개월에 사망해 당시에는 1녀 1남을 키우고 있었다. 사망한 아이의 사인은 영아돌연사증후군으로 처리되었으나 의뢰된 사건을 진행하면서 어쩌면 다른 원인이 존재할 수 있겠다는 생각이 들었다.

아이가 백일 이전에 사망했을 때는 사인 규명이 어렵다 보니 영아돌연사증후군으로 처리되는 경우가 많다. 이 집은 첫째가 잘 성장하고 있었고 사망한 둘째에게서 사인을 특정할 손상이 발견되지 않아 달리 문제 삼지 않았을 것이다. 발달이 다 이루어지지 않은 영아는 워낙 뼈가 부드러워서 웬만한 충격에는 골절되지 않는다고 한다. 그러나 같은 이유로 두뇌는 흔들리면 쉽게 손상을 받아 사망에 이르기도 한다.

이십 대 초반인 부부는 직장에서 만나 혼전 임신으로 결혼해 첫째를 낳았고, 아이가 3개월쯤 되었을 때 부부싸움으로 14개월간 별거를 하다

내 안의 악마를 꺼내지 마세요

가 화해하고 다시 합쳤다. 아이는 엄마가 양육했으며 혼자서 키우던 중 부주의로 발에 화상을 입었는데 현재까지도 흉터가 남았을 정도로 오랜 시간 치료를 받아야 했다. 그리고 재결합 후 둘째를 낳았으나 생후 2개월 때 밤에 잠을 자다가 사망했다고 말했다. 부검을 했으나 사인 미상이었으며 영아돌연사증후군으로 처리되었다고 했다.

영아돌연사증후군은 한 살 이하의 건강한 영아가 아무런 사전 징후나 원인 없이 갑작스럽게 사망했을 때 내려지는 진단이다. 대부분 잠들기 전까지 건강하던 영아가 전혀 예상치 않게 몇 시간 후에 죽은 상태로 발견된다. 세계적으로 천 명의 영아 중 한 명에서 세 명 정도가 영아돌연사증후군으로 사망한다고 한다. 그러나 사망 이전 선행된 행위가 있었는지는 양육자만 알기 때문에 정말 영아돌연사인지는 늘 의문이 남는다.

첫째 아이 아동학대 혐의로 접근금지 처분을 받아 가족과 떨어져서 생활하는 아빠를 사건 의뢰로 만나게 되었다. 첫째가 엄마의 말을 안 듣는다는 이유로 화가 난 아빠가 아이를 발로 가격하여 대퇴부가 골절되었고 병원에서 아동학대로 신고한 상황이었다.

준비되지 않은 양육자

아빠는 첫째를 때린 것은 인정했으나 골절에 이를 정도는 아니었고 훈육 차원이었음을 설명하기 위해 애를 썼다. 그런데 당시 행동의 흐름이 부자연스럽고 매끄럽지 못했다. "겨드랑이와 팔 부분을 잡고 들어서 방으로 데리고 갔다", "아이를 내려놓은 후 일어나라고 했는데 일어나지 못해 바지를 벗겨 보니 이미 부어 있었다"고 하며 횡설수설했다. 살짝 때리기는 했지만 울지 않았고, 그러니 세게 때린 것은 아니라고 했다. 둘째 아이의 사망 사건에 대해서도 물어보려고 시도했으나 이미 끝난 일이라며 진술을 거부했다. 첫째의 골절은 때린 사실이 있으니 자신의 책임을 인정하겠다고 했으나, 둘째의 사망 관련해서는 잠을 재운 방식에 문제가 있는 것 같기는 하지만 고의가 아니었고 사고였음을 주장했다.

친부인 아이 아빠는 자신도 여섯 살 정도부터 부모가 싸우는 장면을 자주 목격했으며 부모에게 구타당한 경험이 있었다. 그래서 자신의 아이는 때리지 않고 키우려고 했는데 이렇게 됐다며 후회하는 태도를 취했다. 엄마에게 버림받은 경험, 믿었던 친구에게 배신당한 경험으로 인해 타인을 믿지 않고 오로지 자기 자신만 옳다고 믿으며 살아왔다고 말했다. 평소 욱하는 성향이 있고 한 번 화가 나면 감정 통제에 어려움이 있음을 스스로도 알았다. 이런 부분이 결혼 생활 중 배우자나 아이에게도 비슷하게 나타나는 사실 역시 인지했으나 고치려고 노력하지는 않았다고 시인했다.

아이의 발달이나 교육에 대한 지식은 전무한 상태였고 배우고자 하는 욕구도 크지 않았던 것 같았다. 양육 정보는 유튜브에서 한두 번 본 것이 전부이고 다른 사람의 조언을 잘 받아들이지 않는 편이라고 했다. 제대로 된 돌봄을 받아 보지 못한 아이 아빠는 아이가 혼자 노는 모습을 보면 마음이 좋지 않고 같이 놀아 주고 싶기도 했지만 놀이 방법을 잘 알지 못했다. 같이 시간을 보내다가도 얼마 지나지 않아 화가 나서 혼자 놀라고 하거나 방에 들어가라는 말도 자주 했다. 요리, 집안일 등은 어린 시절부터 본인의 생존을 위해 해 왔기 때문에 익숙했으나 육아와 관련된 지식이나 노력은 거의 없어 보였다.

아이 아빠는 비교적 차분하게 조용조용 진술하며 면담에도 협조적이었다. 아이들이나 아내와 떨어져 있어야 하는 상황은 답답하지만 마음을 많이 내려놓았다고 했다. 사건 조사 진행 중에 셋째가 태어나 출생을 직접 보지 못해 아쉽지만 접근금지가 아니었다면 지금처럼 책임감을 갖지는 못했을 테니 오히려 긍정적인 면이 더 많은 것 같다고 했다.

아내에 대해 자신보다 그릇이 큰 사람이고 대인관계도 원만하며 신앙을 가지고 있어서인지 긍정적인 면이 많다고 말했다. 자신은 교회에 다니고 싶진 않지만 아내와 딸이 교회에 가면 웃고 행복해하는 모습을 봐서 나쁘게 생각하지 않는다고도 했다. 아내의 아버지가 결혼을 반대하고 아이를 지우라고 했음에도 자신을 믿고 따라와 준 아내를 고맙게 생각했다. 경제적으로 어렵고 책임져야 할 버거운 상황이 있기는 해도 후회하지는 않는다고 했다.

주위에 조언을 구하거나 원활히 소통할 사람이 없고, 믿을 만한 사람도 없어 오로지 자신이 취득한 정보만으로 상황을 판단했다. 게다가 정보 취득 경로도 단순하다 보니 자신의 생각이 모든 사람의 생각이라고 과잉 일반화하는 경향이 있었다. 예를 들어 아이들은 옆으로 눕혀 재워야 잠을 잘 자고 분유도 역류하지 않으며, 뒤집기도 예방할 수 있어 더 안전하다고 생각해 어떤 경우에도 방법을 바꿔 볼 생각을 하지 않았다. 이는 아이를 키우면서 과거 옆으로 눕혔더니 잘 잤던 한두 번의 경험에서 온 판단으로 융통성이 없어 보였다.

어떤 상황이든 학대는 학대일 뿐

남편은 화가 나면 혼자서 삭이거나 게임에 몰입하는 등 회피하려는 습성이 있고 한 번 화가 나면 누구도 말리지 못할 정도로 통제가 안 된다고 했다. 자신을 '빛 좋은 개살구'로 표현하고 겉만 좋고 착해 보이지 악하다며 자신은 성악설이 맞는 것 같다는 등 묻지도 않는 말을 늘어놓았다.

첫째 아이가 3개월 즈음 아내와 성격 차이로 14개월 정도 별거를 하다 이혼을 위해 가정법원까지 갔었다. 그러나 이혼 가정의 아이들이 어떻게 성장하는지를 담은 영상을 시청한 뒤 마음을 바꿔 함께 살기로 했다며 눈물을 보였다. 자신도 친모에게 버려졌던 때를 떠올리는 듯했다. 그 후 이전보다 책임감이 생겼고 이번 사건으로 떨어져 지내면서 반성도 했다며 만약 아내가 이혼하자고 하더라도 설득해 볼 생각이라고 했다. 잘못에 대한 책임은 피할 수 없겠지만 결혼 생활을 유지하고 싶다는 마음에는 변함이 없음을 피력했다.

남편보다 두 살이 많고 대학까지 졸업한 아내는 사건 당시 만삭이었다. 몸이 무거워 네 살인 첫째에게 침대 위에 있는 청소기를 꺼 달라고 하는 과정에서 문제가 생겼다고 했다. 다 알아들으면서도 들은 척도 하지 않는 첫째에게 반복해서 청소기를 꺼 달라고 요구했으나 말을 듣지 않아 언성이 높아질 무렵 남편이 안방에 들어왔다. 아내는 등을 돌린 채 바닥 청소를 하다가 첫째가 우는 소리를 듣고 뒤돌아보니 남편이 아이를 데리고 작은방으로 가고 있었다고 했다. 계속해서 첫째의 울음소리가 들렸지만 훈육하는 것으로 생각하여 가 보지 않았다. 폭행은 '못 봐서 모르겠다, 나도 궁금하다'는 태도였다. 서로 아이를 훈육하는 중에는 끼어들지 않는 암묵적인 합의가 있었기 때문에 개입하지 않았단다.

남편이 평소 욱하는 성격이기는 하나 손찌검 등 학대는 하지 않았고 회초리로 손바닥이나 발바닥을 때리는 훈육 목적의 합의된 체벌 정도를 행했다고 말했다. 다만 심한 말을 한 적은 많아서 아이가 상처받았을 수는 있다며 정서적 학대는 존재했던 것 같다고 표현했다. 그러나 겨우 네 살 아이한테 회초리로 손바닥이나 발바닥을 때리고 심한 말을 하는 행동은 정서적 학대는 물론 신체적 학대에도 해당한다. 부모 두 사람이 합의를 했다고 해서 학대가 아니라고는 할 수 없다.

사망한 둘째 관련해서는 평소에는 자신이 아이를 재우고 잠이 들었는데 아이가 사망하던 날은 몸이 좋지 않아 남편에게 아이를 맡기고 먼저 잠이 들었다고 했다. 그런 날이 처음은 아니었고 평소에는 그렇게 잠든 아이가 새벽에 깨서 울면 분유를 먹였다. 그날따라 아이가 울지 않고 조용했는데 남편이 깨우는 소리를 듣고 일어나 보니 8시 정도였단다. 자신은 항상 아이의 얼굴이 천장을 바라보게 눕혀 재우나 남편은 아기가 토할 수도 있다는 이유로 옆으로 눕혀 재웠다. 아이가 뒤집기를 시도한다는 말을 남편에게 들은 적이 있으나 직접 본 일은 없고, 다만 속싸개 사이로 팔이 빠져나와 자다가 자세가 바뀌는 경우는 있었다고 했다.

남편이 평소 아이와 놀아 주지 않고 게임만 해서 남편을 의심했고 "네가 아기 어떻게 한 거야?"라고 물어봤지만 인정하지는 않았다고 했다. 만약 남편이 고의로 둘째를 사망하게 했다면 이제라도 처벌을 받는 게 마땅하다고 진술했다. 남편과 둘째 아이 단둘이 있던 상황을 목격하지는 못했기 때문에 적극적으로 남편의 결백을 주장할 수는 없다고도 했다. 남편이 요리, 청소, 설거지 등 집안일을 했으나 아이 돌보는 일은 대부분 자신이 맡았고 남편은 관심 없었다고 말했다. 과거 육아에 무관심하고 게임에만 중독된 남편의 행동을 고치기 위해 직접 상담소를 알아보고 같이 상담도 받았다며 하소연했다.

훈육 목적 이외의 폭행은 절대 사용하면 안 된다는 생각이라서 남편에게 "아이들을 때리면 죽여 버리겠다"는 말을 했던 적도 있다며 평소 폭행은 없었음을 주장했다. 그러나 남편에게 그러한 경고를 한 사실로 미뤄보아 첫째의 골절 사건 이전에도 훈육이라는 이름으로 폭행이 가해졌거나 시도했을 가능성이 있는 것 같았다.

부모이기에는 여전히 미숙한 두 사람

남편이 아이를 훈육할 때 아내는 개입하지 않으려고 노력하는 편이고 훈육 과정에 끼어들면 남편은 "그러려면 네가 다 해"라며 짜증을 냈다고 하였다. 남편보다는 아이 발달 단계에 대한 지식과 이해가 있는 듯했으나, 아내 또한 육아가 능숙해 보이지는 않았다. 과거 첫째를 홀로 집에 두고 종종 외출하기도 했고 면담 시 데려온 셋째를 다루는 방식이 미숙했다. 면담 중 아기 얼굴이 계속해서 책상에 부딪힐 뻔했는데 같은 자세를 유지한다거나, 잠이 든 아이를 불편하게 안고 있고, 우는 아이를 보고도 옆에서 배가 고픈 것 같다고 말해 주기 전까지 분유를 먹이지 않는 등 첫째를 키워 봤음에도 어딘가 많이 서툴렀다.

자신의 말을 잘 들어 주고 이해하는 것에 대해 기분이 좋아 보였으며 질문에 대한 대답 이상으로 적극적으로 이야기했다. 이번 사건에 대해서 육아 초기에는 남편이 첫째를 무척 예뻐했으나 말을 듣지 않기 시작한 28개월 무렵부터 아이에게 욱하고 귀찮아하는 태도를 보였다며 자신을 향한 사랑의 반만이라도 아이에게 나눠 주라고 할 정도로 자신에게는 잘하는 편이라는 말을 했다. 남편은 나쁜 일은 기억하려고 하지 않

고 기분이 안 좋으면 대화를 차단하는 등 무조건 회피하는 성격이라고
도 평가했다.

접근금지 처분을 받아 분리된 생활을 하는데 시간이 지나면서 남편이
자신에게 생활비도 보내 주고 음식도 배달시켜 주는 등 많이 변했다고
진술했다. 그래서 떨어져 산 것이 결과적으로 잘된 일 같다며 현재 남편
의 태도에 만족하는 듯 보였다. 변화한 남편의 태도, 첫째가 아빠를 무서
워하면서도 계속 찾고 그리워한다는 점을 말하며 다시 남편과 함께 살
기를 희망했다. 처벌보다는 어린 시절 학대로 생긴 마음의 상처나 게임
중독을 위한 심리 치료가 남편에게 제공되었으면 좋겠다고 진술하며 남
편에 대한 측은지심을 표현했다.

가능하다면 아이들은 부모가 함께 양육해야 하는 것은 누구도 부정할
수 없는 사실이다. 그러나 셋째를 출산한 지 얼마 안 되는 상황에서 첫
째까지 양육해야 한다는 점을 고려하면 과연 이 부부가 부모로서의 역
할을 잘 수행할 수 있을지 의문이 든다.

그동안 수사기관에 의뢰가 들어온 아동 관련 사건은 진료 때문에 병
원을 찾았는데 온몸이 멍투성이거나 연령에 비해 성장 속도나 발육이
현저히 저조해서 신고된 사례가 많다. 영아 사건 중에는 집이나 화장실
등에서 혼자 몰래 출산 후 하혈이 멈추지 않아 응급실을 찾았다가 산모
를 이상히 여긴 의료진의 신고로 수사에 들어가 이미 사망한 채 방치된

영아를 발견한 사례도 있었다. 이외에도 자꾸 보채고 운다는 이유로 아이를 던지거나 심하게 흔들어 사망에 이른 사건도 있었다.

이번 사건은 다행히 면담 과정에서 자신의 잘못을 인정하고 반성하는 태도를 보여 첫째 아이 아동학대 혐의로 기소하는 데는 문제가 없었다. 그러나 이전에 일어났던 둘째 영아 사망에 대해서는 더 이상 접근이 어려웠다. 첫째에 대한 진술도 재판을 진행하는 동안 번복하지 않으리라는 확신은 없다. 또 처벌이 확정된다고 하더라도 우리가 생각하는 것만큼 중한 벌을 받지 않을 가능성도 있다. 이후 같은 잘못을 저지르지 않으리라 확신하기도 어렵다.

영아 사건은 특성상 사인을 명확히 단정하기 어려울 때가 있어 영아 돌연사증후군에 의한 사망으로 마무리되는 일도 있다. 그러면 자신들의 잘못을 알지 못해 그 가정의 다른 아이도 비슷한 일을 겪을 수 있다.

방치된 아스퍼거증후군과 친모 살해

CRIME SCENE DO NOT CROSS · CRIME SCENE DO NOT CROSS · CRIME SCENE DO NOT CROSS · CRIME SCENE DO NOT CROSS · CRIME S

아스퍼거증후군(아스퍼거장애)은 자폐스펙트럼 장애의 일종인 만성신경질환으로 언어 발달과 사회 적응 발달 지연이 특징이다. 정확한 원인은 밝혀지지 않았으며 아스퍼거증후군인 사람은 다른 사람의 감정이나 느낌을 이해하지 못하고 고집이 비정상적으로 세다. 의사소통을 잘 하지 못하고 사회적 신호에도 무감각하며 특별히 관심 있는 일에만 강박적으로 빠져드는 경향을 보인다.

성인이 되어 진단받은 아스퍼거증후군

내가 만났던 피의자는 군 복무 중 아스퍼거증후군 진단을 받고 의가사제대를 했는데 심리 상태가 불안하여 도움이 필요하다는 연락을 받았다. 거실에 있는 어머니를 공업용 커터칼과 부엌칼로 살해하고 안방 화

내 안의 악마를 꺼내지 마세요

장실에서 목을 자른 후 왼쪽 가슴을 열어 심장을 꺼내 놓았다. 자폐가 있는 자신을 가족들이 무시하고 자살하려는 것도 말린다는 이유였다.

피의자는 훤칠한 키에 야위어 보이는 모습으로 뿔테안경을 쓰고 고개를 숙인 채 앉아 있었다. 초등학교 때부터 왕따로 학교생활이 어려웠는데 지금 생각해도 왜인지 모르겠다며 이유 없이 괴롭혔던 것 같다고 했다. 왕따 문제로 부모님이 여러 번 학교에 찾아왔고 담임 선생님도 대부분 자신의 입장에서 이야기해 주려고 하였으나 문제를 해결해 주지는 못했다고 당시를 회상했다. 이뿐 아니라 초등학교 때 동성 친구들에게 성추행당한 경험이 있는데 심한 모멸감을 느꼈다고 표현했다.

중고등학교 시절에도 왕따는 계속되었으나 부모님께 말하지 못했다고 했다. 초등학교 때 왕따를 당하는 이유가 모두 너한테 문제가 있어서고 언젠가는 너를 죽이든지 내다 버리든지 할 것이라는 어머니의 말이 지금까지도 남아 있다고 했다. 학교에 가고 싶지 않았으나 어머니가 강요해 학교를 모두 마쳤고 성적도 중위권 이상을 유지했다. 대학도 어머니 때문에 가기는 했으나, 이제 대학교 3학년이고 돈을 벌어야 먹고사니 졸업은 해야겠다고 마음먹고 있었다.

사건 당시는 방학이라 대학 과정에서 필요한 현장 실습으로 자동차 부품 조립 아르바이트를 하고 있는 상태였다. 그 외 아르바이트 등 다른 직업을 가졌던 경험은 없다. 이성 교제 경험은 없었으나 성에 대한 관심은 계속해서 있었다. 심한 성 충동으로 인해 많이 괴로웠고 초등학교 때

성추행을 당한 이후 야한 동영상을 보며 자위를 하기 시작했다고 했다. 그런데 사건 즈음 가족을 죽일 생각에 몰두하다 보니 성 충동이 적어졌고 동영상에도 관심이 없어졌다며 자신의 변화를 설명했다.

술을 마셔본 경험은 있으나 거의 마시지 않는 편이고 군 입대 전부터 자신에게 문제가 있음을 알았지만 병원에는 가지 않다가 군 생활 중 처음으로 병원을 방문했다. 아스퍼거증후군이라는 진단을 받고 약을 복용했으나 약을 먹으면 자꾸 잠이 와서 1년 전부터는 약을 먹지 않았다. 약은 알약 세 개로 구성되어 있고 저녁 이후 복용하는 약이었으나 자신은 밤에 늦게 자거나 밤을 새우고 싶은데 자꾸 잠이 와서 스스로 약을 끊었다고 주장했다. 약 복용 전후 가족이나 지인과의 관계에 변화가 있었는지 질문하자 자신은 전혀 차이를 못 느꼈다고 진술했다.

살해 후에도 죄책감이 없는 피의자

심리검사 초기 아무렇게나 해도 되냐는 질문을 했다. 성실히 답하는 게 좋다는 대답을 듣고는 문제를 꼼꼼히 읽으려고 노력하는 태도를 보였다. 눈을 잘 마주치지 못하고, 고개를 숙이고 있다가 고개가 아픈지 가끔 고개를 들고 돌리는 듯했다가 이내 다시 고개를 숙이는 행동을 계속해서 반복했다. 엄지손가락으로 이마 부위를 문지르는 행동을 보였으며 살해 과정에서 자신에게 생긴 상처를 들여다보기도 했다.

내 안의 악마를 꺼내지 마세요

범행 동기에 대해 초등학교 시절부터 자신을 죽이거나 내다 버리겠다는 어머니의 말이 각인되어 있었고 정말로 어머니가 자신을 죽일 수도 있다는 생각을 하게 되었다고 말했다. 자신을 괴롭히는 친구들이 아주 많았으나 가족들까지 자신을 비난하고 모든 것이 자신의 책임이라고 손가락질하는 태도에 심한 배신감을 느꼈다고 했다.

특히 보호받고 싶었던 대상인 어머니마저 끊임없이 잔소리를 하고 비난할 때마다 죽고 싶은 충동을 느꼈다. 그런데 이마저도 부모님이 말려 쉽지 않았다. 어느 시점부터 왜 자신에게만 그러는지 분노 감정이 생겼고 가족이 자신을 죽이기 전에 내가 먼저 그들을 죽여야겠다고 생각하게 되었다. 첫 대상은 가장 미운 어머니로 정했다. 어머니가 첫 대상이었지만 아버지와 동생도 차례대로 죽이려고 생각했었다.

피의자는 방학 동안 현장 실습으로 공장에서 일했기 때문에 가족들과 부딪칠 만한 시간적 여유가 없었다. 실습이 끝나면 또 가족들과 부딪칠 것 같은 불안이 엄습했으며 범행 전날 자살하려는 행동을 말리자 정말 죽여야겠다고 결심했다. 피의자는 자신이 다니는 학교 서점에서 커터칼을 구입하여 집으로 돌아왔다. 집으로 돌아와 편한 옷으로 갈아입은 뒤 바로 구입한 칼을 주머니에 넣고 거실로 나가 계획대로 실행했다. 죽이기에 어떤 방법이 가장 좋을지 오랫동안 생각했는데 범죄 관련 기사를 보며 경동맥이 있는 목 부위를 찌르거나 불을 지르는 방법이 가장 좋겠다는 생각을 하게 되었다.

첫 번째 대상으로 생각한 어머니가 마침 혼자 집에 있었기 때문에 바로 실행에 옮겼고 만일 다른 사람과 같이 있었다면 다음 기회를 노렸을 수도 있다고 말했다. 현장을 모두 정리한 다음 실종으로 처리하고 아버지와 동생을 차례대로 살해할 계획이었다고 했다. 어머니가 사망했음에도 미안함보다는 잘했다는 생각이 든다고 했으며 자신이 사형 선고를 받고 죽지 않는 한 언젠가는 아버지와 동생을 죽일 것이라고 진술했다. 면담 도중 아버지와 동생의 면회 요청을 전달받았으나 거부했다. 왜 만나지 않으려고 하느냐는 질문에 "꼴 보기도 싫다"고 표현했다.

살해 후 목을 절단한 이유도 물었다. 목을 찔렀는데도 자신에게 살려달라고 하기보다는 이웃에게 알리려는 듯 큰 소리를 질렀고 그래서인지 화가 풀리지 않아 머리채를 끌고 욕실로 이동하여 목을 잘랐다고 말했다. 피가 많이 나서 피를 멈추기 위해서는 심장을 분리해야 한다고 생각하고 실행했다. 고등학교 생물 시간에 심장이 피를 공급한다는 사실을 배웠다고 진술했다. 머리 분리 후 심장까지 꺼내고 나자 화가 풀리는 느낌을 받았다. 자신을 괴롭혔던 사람을 모두 죽이고 싶었지만 아버지와 동생까지만 죽이면 화가 어느 정도 풀릴 것 같다고도 했다.

발달장애와 자폐 성향을 동반하는 아스퍼거증후군으로 인해 초등학교 시절부터 문제 행동과 부적응 성향이 나타났으나 이 무렵부터 부모님의 돌봄이 부족해졌다. 문제 행동은 수정되기보다 강화되는 방향으로 발전된 것으로 보였다. 초등학교 시절 어머니가 피의자를 야단치며 넋

내 안의 악마를 꺼내지 마세요

두리처럼 했던 하소연을 사실로 받아들여 이에 대한 두려움과 불안을 가지고 있었다. 이것이 이후 분노 감정과 연결되면서 죽고 싶다는 생각을 살인 행동으로 전환하고 합리화하는 데 결정적 요인으로 작용한 것으로 보인다.

아스퍼거증후군을 경험하는 경우 겉으로는 특별한 이상 증후가 나타나지 않다가 갑자기 문제 행동을 보이는 경우가 많기 때문에 전폭적 이해가 필요하다. 그러나 이 가족 구성원 중에는 누구 하나 아스퍼거증후군을 제대로 이해하지 못했던 것으로 짐작된다. 그러니 피의자 입장에서 방치되었다는 생각이 들었을 수도 있다. 그리고 사건 당시에는 약 복용을 중단한 상태여서 아스퍼거증후군의 정도를 넘어서는 심리적 이상 징후가 있었던 것으로 보였다.

노인 인구 증가의 그림자, 치매 노인 변사 사건

프로파일러에게 의뢰하는 사건은 현장 상황과 진술 내용이 상이하거나, 용의자나 피의자의 심리 상태가 불안정해 대화에 진전이 없고 소통이 안 되는 등 일반적인 관점에서 잘 이해되지 않거나 설명하기 어려운 경우가 대부분이다. 그중에서도 나이가 어린 피의자나 피해자를 만날 때 심적 부담이 가장 큰데, 혼자서는 거동이 힘들 정도로 연로하고 인지 능력이 제한적인 노인을 대할 때도 부담감이 만만치 않다.

정돈된 노부부 집에서 발견된 변사자

팔십 대 노부부가 함께 생활하던 중 아내가 사망했다는 연락을 받고 현장에 출동했다. 부부는 방 세 개, 화장실 두 개, 거실과 주방으로 구성된 아파트에서 살았다. 실내는 다툼의 흔적 없이 정돈되어 있었다. 거실에서 화장실로 향하는 통로에 옥장판(전기장판)이 깔려 있고 그 위에 변사자가 이불을 덮은 채 현관문을 기준으로 12시 방향에 머리를 두고 천장을 바라보고 누운 자세로 있었다. 검은색 반팔 상의에 자줏빛 반바지로 취침 복장이었다. 발견 장소나 놓인 모양이 이상해서 그렇지 그냥 잠든 자세 그대로였다.

자세히 보니 눈 주변으로 멍이 관찰되었지만 그 외 입 주변이나 다른 곳에 구토, 혈흔 등의 흔적은 보이지 않았다. 150센티미터 정도의 키에 체격도 그리 크지 않아 왜소해 보였다. 며느리는 시부모님이 보통은 같은 방에서 주무신다고 얘기했고 발견 장소가 주무시기에 적당한 곳이 아니었기 때문에 부검이 실시되었다.

부검 결과 '머리 부위의 골절과 출혈로 인한 사망'이라는 결론에 이르렀다. 머리 부위에 강한 외력이 작용하였고 맞충격으로 인해 안와부위에 멍이 생겼다는 뜻이다. 여러 가지 지병이 있어 이전에도 갑자기 119에 도움을 요청하거나 응급실에 실려 갔었다. 발견된 상황이 자연스러웠다면 사망 자체에 대한 큰 의심점이 없을 상황이었다. 그러나 머리 부위 손상 상태에서 혼자 힘으로 이동하거나 옥장판을 까는 등의 행위는 할 수 없었을 것이다. 그런 변사자가 이불까지 덮은 채로 발견되었으니 누군가의 개입을 생각할 수밖에 없는 상황이었다.

이런 때 제일 먼저 의심을 받는 사람은 같이 거주하는 사람이다. 가족의 사망으로 인해 가장 경황이 없고 황망한 상황이라도 보통은 가족 중

한 사람에게 의심을 두기 때문에 일정 정도의 조사가 이루어지기 전까지 이 상황을 벗어나기는 쉽지 않다. 그렇지만 생명은 고귀하고 단순 변사자가 아니라 피해자라면 억울함이 없도록 사망의 원인이 무엇인지 정확히 밝혀낼 의무가 수사기관에 주어진다.

교장으로 정년퇴임을 하고 대부분의 시간을 아내와 함께 보내며 생활했다는 남편은 자신은 아무것도 모른다고 진술하고 있었다. 아침에 일어나 아내가 보이지 않아 찾으러 나왔다가 자고 있는 아내를 발견했고 깨워도 일어나지 않아 아들에게 전화를 걸었을 뿐이라고 말했다. 이렇다 보니 담당 수사관들도 답답한 마음으로 프로파일러에게 면담을 요청했다.

수사 기록을 살펴보니 참고인인 남편은 몇 년 전부터 기억력 저하를 호소하며 병원을 방문했고 현재 알츠하이머성 치매와 우울병 에피소드로 인해 치료가 진행 중이었다. 꽤 오랫동안 약을 복용했고 점점 더 안 좋아지고 있음을 느꼈지만 부담이 될까 봐 자식들에게 말하지 못했던 것 같았다. 집을 나왔다가 찾아가지 못해 가까운 지구대에 들러 집에 데려다 달라고 했던 경험도 있었다. 주로 집에서만 생활했던 이유가 여기에 있었다. 어쩌다 아내와 함께 나가기는 했으나 아내도 당뇨 등으로 건강이 좋지 못해 쓰러지는 일이 많아 대부분의 시간을 집에서 보냈다.

현재의 상태를 확인하기 위해 치매 선별용 간이 정신진단검사를 실시했는데 그 결과 인지 기능에 제한이 있음을 확인했다. 면담 당시의 날짜와 요일, 주거지가 무슨 동인지, 아파트 동 호수가 어떻게 되는지도 답하지 못했다. 완전히 대화를 진행하지 못할 정도는 아니었지만 현재 자신이 처한 상황을 올바르게 인식할 수 있는 상태는 아니었다. 다시 말해 법적 자기방어 능력이 있다고 판단하기 어려웠다.

계속해서 달라지는 기억

자신이 상과를 졸업했고 수학 선생님을 한 적이 있다고 말하는 참고인 (남편)은 객관적으로 확인되는 내용에 부합하는 진술을 하다가 갑자기 이미 돌아가신 형들에 대해 "형님들이 텔레비전에 나왔는데 별나라의 왕이 되어 있었다"고 하는 등 망상 증상을 보였다. 함께 온 며느리를 이 상한 여자라고 칭하는 등 여러 가지로 정상적 사고 범위를 벗어나 보였다. 또 보행이 자유롭지 않아 지팡이를 짚고 비척거리며 걷기도 했다.

신고 직후에는 자다가 일어나 보니 아내가 숨을 쉬지 않았다고 했었음에도 두세 달 뒤 나와 면담할 때는 변사자인 아내의 사망 시점을 십 년에서 이십 년 전이라고 인지하고 있었다. 정확한 시점을 설명해 주려고 해도 그럴 리 없다며 자신의 고집을 굽히지 않았다. 사망한 아내를 처음 발견한 사람이 본인임에도 아내가 병원에 입원했던 경험을 진술하며 아마도 아파서 죽은 것 같다고 표현했다. 눈물을 흘리며 아내가 보고 싶다고도 했다. 물론 피의자 중 '악어의 눈물'을 흘리는 경우가 있어 눈물을 흘린다고 해서 다 진실하다고 판단하기는 어렵지만 연기를 하고 있는 것 같지는 않았다.

면담을 마치고 돌아와 보고서를 쓰려고 책상에 앉았지만 어디서부터 어떻게 써야 할지 막막했다. 이번 사건은 치매 노부부 둘이 생활하던 중 아내가 변사자가 되어 유일한 목격자인 남편이 의심을 받는 상황이었다. 노령으로 진술에 어려움이 있으니 프로파일러가 진술 능력과 신빙성 등을 판단해 달라는 요청이었다.

현장 상황이나 부검 결과를 고려하면 누군가 현장을 변형한 것은 틀림없는 사실이었다. 그러나 참고인 또한 치매와 우울, 그리고 인지능력에 문제가 있음을 알면서 사망에 직접적 책임을 묻기는 어려웠다. 변사자가 고관절 수술로 거동이 불편하고 평소 저혈당으로 인해 쓰러진 적도 있었다는 가족들의 이야기, 거동이 불편한 변사자를 참고인이 극진히 돌보았고 부부 금실도 좋았다는 며느리의 진술이 있었다.

그러니 예상 가능한 시나리오는 알 수 없는 이유로 쓰러진 변사자를 참고인이 반듯하게 눕혀 놓았을 가능성이었다. 가족이 자살한 현장에 가 보면 수사기관에서 사람이 도착하기 전 변사자를 수습해서 반듯하게 눕혀 놓고 현장도 정리해 놓는 일이 종종 있다. 험한 모양을 다른 사람에게 보이고 싶지 않아서 벌이는 일이다. 평소 아내를 잘 돌보던 남편이라면 쓰러져 있던 아내를 똑바로 해 놓을 수 있고, 그대로 설명한다면 별다른 문제가 없을 상황임에도 치매로 인해 자신이 한 행동조차 제대로 설명하지 못했을 수도 있겠다고 판단했다.

평소 사이가 좋지 않았고 서로에게 악감정을 가져 다툼이 있었다면 변사자의 신체에도 지금보다는 더 많은 흔적이 남았을 테다. 오로지 서로에게 의지하며 사이좋게 지내던 노부부 중 한 사람이 의도적으로 상대를 사망에 이르게 했다고는 설명하기 어려웠다.

저출산 문제의 심각성만큼 노인 인구의 증가와 관련된 여러 가지 문제가 존재한다. 우리나라는 이미 고령화 사회가 아닌 고령사회지만 이들을 위한 준비는 아직 미비한 것 같다. 우리나라의 복지가 예전보다는 좋아졌다고 하더라도 사회복지사가 턱없이 부족하고 복지의 사각지대가 여전히 존재하는 것이 현실이다. 부모 없이 어린 자녀들끼리 생활하는 상황, 노령 부부 또는 노인이 혼자 거주하는 상황에서는 누가 누구를 돌볼 수가 없다.

더 글로리를 연상하게 하는
학교폭력 사건

성폭행 관련 미투에 이어 학교폭력 문제로도 미투 운동이 일어났다. 학창 시절 괴롭힘으로 인한 고통이 한 사람의 인생을 송두리째 망가뜨리는 사례가 드라마나 영화에서만 존재하는 것은 아니다. 피해자가 사망에 이르지 않더라도 얼마나 많은 시간 동안 두려움과 공포, 불안을 경험하는지 가해자들은 상상조차 못 한다.

넷플릭스에서 방영된 〈더 글로리〉라는 드라마 내용과 유사한 사건을 현장에서 만났다. 사건을 의뢰하기 위해 전화한 담당 수사관은 아무래도 피의자가 사이코패스 같다며 이해하기 어려운 부분이 많으니 꼭 한번 살펴봐 달라고 하였다. 당시 사건 의뢰가 많아 새로운 일 착수까지는 한참이 걸린다고 해도, 일단 읽어 봐 달라며 부검 보고서를 보면 생각이 달라질 거라고 했다. 그 말을 듣고 궁금증이 생겨 다른 사건을 진행하는 중임에도 기록을 보기 시작했다.

내 안의 악마를 꺼내지 마세요

그즈음 정말이지 맡은 사건이 너무 많아서 기록 읽고, 분석 회의 진행하고, 보고서 쓰고, 담당 팀에 완성된 보고서를 전달하고 설명하느라 한참을 쉼 없이 달렸다. 무언가에 빠져드는 느낌을 가진 것은 오래전 일이었다. 그런데 이 사건 기록을 읽으면서는 그다음에 어떤 일이 벌어졌는지 궁금해서 자리에서 일어나지도 못하고 퇴근도 뒤로한 채 몰입해서 읽었다.

첫 페이지에는 전화로 들은 사건과는 전혀 상관없는 가정폭력 내용이 있어서 기록을 잘못 보낸 줄 알았다. 사망한 아들(피해자)이 아버지의 폭행 때문에 안와골절 등 엉망진창이 될 정도로 상해를 입었고 아버지를 가정폭력 혐의로 고소했다. 그렇게 아버지는 피의자 신분이 되어 있었다. 상해의 정도가 심하긴 했지만 아버지가 아들을 폭행했다는 이유로 사이코패스를 운운하지는 않았을 일이었다.

그런데 조금 더 살펴보니 아버지는 때린 일이 없다고 하고 신고된 사실도 아들이 사망한 이후에나 알게 되었다는 내용이 나왔다. 그리고 중학교 때부터 알고 지낸 한 친구가 등장했다. 처참히 죽어간 피해자의 부검 감정서와 그 뒤 하나하나 밝혀진 사실들은 내게도 충격이었다. 어떻게 사람이 이런 일을 할 수 있을까? 친구 관계에서, 드라마가 아닌 현실에서 이런 일이 일어날 수 있을까? 드라마에서는 그나마 여러 명이 한 명을 괴롭히는 그런 내용이었다. 주동자가 있기는 해도, 그래도 여러 명이 등장했었는데 이 사건은 일대일 관계에서 벌어진 일이었다.

피해자와의 관계를 묻는 질문에 가해자는 "아주 친한 친구 관계예요. 세상에 둘도 없는 친구"라고 설명했다. 그런데 피해자 몸에 남아 있는 흔적과 CCTV 등 객관적 자료가 설명해 주는 사실은 악마도 이런 악마가 있나 하는 생각이 들게 했다.

피해자의 상태는 이랬다. 양발은 화상으로 걷지도 못할 지경이고, 가슴 부위에도 2도 정도의 화상이 보였다. 얼굴에는 여기저기 멍이 있고 양쪽 눈은 안와골절 상태, 갈비뼈, 빗장뼈 등등 골절 상태, 허벅지는 신발 자국이 보일 정도로 밟혀 그 자국대로 멍이 들었다. 게다가 고환 부위는 통통 부어 금방이라도 터져 버릴 것처럼 벌게져 있었다. 얼굴이고 팔이고 다리고 어디 하나 성한 구석이 없었다. 거의 한 친구와 계속 붙어 있다시피 생활했고 마지막은 찜질방 목욕탕에서 심정지 상태로 발견되어 병원으로 이송했지만 사흘 정도 견디다 사망했다.

모든 것은 장난이고 놀이였다는 가해자

부모는 아들의 대학 등록금으로 사용하려고 저축을 하고 있었다. 그런데 피해자가 대학에 진학하지 못하자 2000만 원을 보태 2800만 원 정도가 든 통장을 아들에게 맡겼다. 사망 후 보니 남은 돈은 58원. 6개월 만에 돈을 어디에 다 썼는지 모르겠다고 여러 가지 의문점을 제시했다.

내 안의 악마를 꺼내지 마세요

그런데 '세상에 둘도 없는 친구'였다던 피의자는 한 번도 갚은 적은 없지만 돈은 빌린 것이라 했다. 휴지를 말아 발가락 사이에 끼워 불을 붙이고, 뜨거운 물을 뿌리고, 주짓수를 하고, 헤드록도 걸었지만 모두 장난이고 놀이였단다. 그 정도 상처가 생기게 때린 적은 없다고 말했다. 혹시라도 본인에게 불리할 것 같은 질문에는 오래된 일이라서 잘 기억이 나지 않는다며 '모르겠다', '묵묵부답'으로 진술하기 일쑤고 변호사를 선임해 억울함을 표시했다.

CCTV에 직접적인 폭행 장면이 찍히지는 않았다. 그러나 찜질방을 드나드는 장면, 찜질방 안에서 발로 차거나 몸이 불편해서 제대로 걷지 못하는 친구한테 심부름을 시키는 모습, 모텔을 오가면서 했던 행동들은 고스란히 찍혀 있었다. 업주들도 이들을 확실히 기억하고 있었다. 이미 늦기는 했지만 친구들도 좀 이상하다고 생각했다며 참고인 진술을 해줬다. 지금 생각해 보니 자신들도 방관자라며 자책하는 모습도 보였다.

친구들은 고등학교 시절 피해자의 집에 모여 놀 때 가해자가 지나치다 싶을 정도의 폭력성이 있었고, 고등학교 졸업 이후 우연히 만났을 때도 지나친 행동들이 있었지만 괜히 나섰다가 본인까지 괴롭힘을 당하거나 공격 대상이 될까 봐 침묵했고, 어떤 경우엔 같이 괴롭혔다며 뒤늦은 반성을 했다.

무엇이 잘못된 걸까? 어디부터 어떻게 잘못되기 시작한 걸까? 조금만 일찍 알았더라면 피해자를 살릴 수 있지 않았을까? 이제 와서 가해자를 처벌하는 일이 어떤 의미가 있나? 복잡한 생각들이 머릿속에 가득했다. 그러나 너무 오랜 시간 동안 아무렇지도 않게 한 행동으로 범죄 행위에 무감각해진 가해자를 그냥 둘 수는 없다. 가해자를 위해서도 이번 기회에 뭔가를 해야 한다는 생각이 들었다.

학교폭력은 피해자가 또 다른 가해자가 되기도 하고, 가해자는 또 다른 피해자를 물색하고, 심지어는 결혼 후 가해 행동이 아내나 자녀에게 향하는 등 삼대까지 이어진다는 연구 보고서도 있다. 그러니 본인이 진짜 무슨 짓을 한 것인지 분명히 알려줘야 한다.

어디서부터 잘못되었을까?

피의자가 조사를 받는 과정을 모니터링하면서 진술의 맥락이 자연스러운지, 어느 부분에서 심리적으로 흔들리는지, 압박 질문이 필요한 부분이 있는지 살펴보는 기회도 가졌고 직접 면담 기회도 있었다.

피의자는 부모님, 형이 있었고 외삼촌과도 가깝게 지낸다고 했다. 형에게 장애가 있어 돌봄을 많이 받지는 못했지만 괜찮다며 성장 환경에 문제가 있지는 않다고 잘라 말했다. 그런데 억울함도, 불안함도 보이지 않으려고 노력하는 모습이 엿보였던 터라 여러 가지 방법으로 취약한 부분이 있는지 탐색했다. 형과 사이는 괜찮은지, 유치원이나 초등학교 과정 중에 힘든 부분은 없었는지, 부모 중 누구와 관계가 더 좋은지, 좋아하는 과목은 무엇인지, 성적은 좋았는지, 가출 경험이 있는지 등등. 아버지와는 어려서부터 거의 대화를 하지 않았고 어머니와는 친하게 지내는 편이지만 형을 돌보느라 자신에게는 크게 신경 쓰지 않았다고 불평아닌 불평조로 얘기하기 시작했다. 그러더니 이내 형 때문에 초등학교 때 왕따를 당한 경험, 중학교 때도 친구가 많이 없었고 고등학교 때도 그리 공부를 열심히 하지 않았고 사망한 피해자와는 중학교 친구이지만 고등학교 때 더 친하게 되었다는 이야기 등을 꺼내 놓았다.

물론 그렇다고 자백을 하지는 않았다. 힘들었을 피의자를 다독이기도 하고 본인이 힘들었다는 것이 다른 사람을 괴롭히는 이유가 될 수는 없음을 설명했다. 그리고 피해자가 피의자 이외에 다른 사람을 만난 일이 없고 거의 대부분의 시간을 함께 보냈으며 같이 있는 상황에서 사망했음을 설명해 주었다. 피의자가 이미 다 알고 있는 사실이더라도 때로 누군가가 사건의 전말을 정리해 주면 자신의 마음을 결정하는 데 도움이 되기도 한다. 또한 잘못을 인정하는 것이 얼마나 큰 용기가 필요한지도 알려주었다. 혹시라도 책임져야 할 부분이 있다고 생각된다면 그때는 엄청난 용기가 필요할 것이라 말해 준 뒤 면담을 마쳤다.

이후 변호사는 몇 번의 조사 참여 후 사임계를 제출했고 피해자가 아버지한테 맞아 안와골절이 되었다는 신고는 자신이 꾸며낸 일이라고 자백했다. 사망에 자신은 책임이 없다고 하면서도 맨정신에는 괜찮은데 술을 마시면 폭력적인 성향이라고 하며 함께 술을 마신 후 피해자가 생각보다 크게 다쳐 있는 것을 보았고 자신이 걱정하니까 피해자가 먼저 아버지한테 맞은 걸로 하자고 제안했다고 변명했다.

군이 거짓 신고를 하면서까지 잘못을 덮으려고 한 이유는 무엇일까? 혹시라도 피해자가 자신에게 맞은 것을 누군가에게 말하면 처벌받을까 봐 직접 신고한 건 아닐까? 피해자가 자기 눈앞에서 진술하도록 만든 건 아닐까? 알고 보니 이것이 진실이었다.

CCTV 이외에도 다른 증거들이 있기는 했지만 대부분 피해자와 단둘이 있는 상황에서 벌어진 일이라서 보강 증거가 필요했다. 호흡, 맥박 등 생체 반응을 확인하는 폴리그래프 검사를 실시했는데 피해자의 사망과 자신이 관계없다는 피의자 진술은 거짓으로 판명됐다. 점차 심증이 확증으로 변해 가는 순간이었다. 피의자는 처음부터 지나치리만큼 의연하고 차분한 태도로 조사에 임했지만 그런 태도가 진실하다는 사실을 설명하지는 않는다.

형 때문에 놀림당하는 일이 너무 싫었고 엄마의 보살핌이 더 많이 필요했지만 단 한 번도 불만을 이야기하지 못한 피의자, 자기보다 더 어려운 상황에 있는 형을 미워할 수도 없고 엄마를 원망하지도 못한 피의자. 그렇지만 그런 상처가 다른 사람을 공격하고 상처를 주고 결국 사망에 이르도록 한 일을 정당화하는 이유가 되지는 않는다.

지인들이 끝까지 침묵했다면 실체적 진실에 다가서기 힘들었을 사건이었다. 가해자는 시간이 지나면서 자신의 행동이 잘못이라는 것조차

잊게 되고 주변인들은 자신도 피해자가 될까 두려워 침묵하고 싶어 한다는 사실을 다시 확인했다.

관련 연구를 보면 학교폭력 중 피해자에게 가해 행동을 하도록 강요하고 이런 과정을 통해 피해자가 가해자의 길로 들어서는 일도 있다고 한다. 또 가해 행동은 시간이 지나면서 강도가 세지고 교묘해진다는 말도 있다. 이번 사건에서도 중학교 때부터 시작된 가해 행동이 결국 사망으로 종결됐으니 어느 정도 증명이 된 셈이다. 중간에 제지를 당한다거나 적절한 행동 수정 기회가 주어지지 않으면 학교폭력이 가정폭력으로, 그리고 불특정 다수를 향한 폭행으로 발전할 가능성이 있다.

비일관적이고 폭력적인 양육 방식, 냉담함, 무관심한 양육으로 인해 정서적 소통을 하지 못하면 조절능력이 부족하고 공격성만 발산하게 될지 모른다. 불안전한 자아상으로 자기를 보호하기 위해 과도한 자기애를 발휘하게 될지 모른다. 그리고 이것이 타인을 착취하거나 이용하려는 특성으로 나타날 수도 있다.

물론 학교폭력의 원인은 가정에 국한되지 않고 성격, 대인관계 등이 영향을 미칠 수 있다. 방법도 신체적 폭력, 언어적 폭력, 정서적 폭력, 사이버 폭력, 성폭력 등 다양하다. 학교폭력이 가정교육이나 양육 방식에 의해서만 생긴다고는 할 수 없지만 안정적인 양육 환경, 그리고 이를 위한 사회적 지원은 아무리 강조해도 지나치지 않다.

집단이 갖는 힘,
소년범죄

NOT CROSS • CRIME SCENE DO NOT CROSS • CRIME SCENE DO NOT CROSS • CRIME SCENE DO NOT CROSS • CRIME S

소년범죄가 이슈로 떠오를 때마다 소년범죄의 처벌 연령은 낮추고 처벌 상한은 높이자는 의견이 거론된다. 처벌되지 않는다는 사실을 악용하는 경우가 점차 증가하고 잔혹성이 더해지는 추세를 보면 당연한 논란인지도 모른다. 그러나 처벌 강화를 고민하기 전에 이들이 왜 범죄와 연결되는지, 처벌만 강화하면 문제가 해결되는 것인지에 대한 논의도 함께 진행해야만 한다. 미국은 왜 1980년대에 소년정신건강법원을 설립하게 되었는지, 이로 인해 어떤 변화가 있었는지 등 좀 더 미래지향적 고민이 필요한 것이다.

인간 발달 단계상 타인의 감정을 읽고 다른 사람이 싫어하는 것이 무엇인지 구별할 수 있는 능력은 발달 초기에 형성된다. 친구를 때리거나 친구가 가지고 있는 장난감을 빼앗으면 상대가 얼굴을 찡그리고 울거나 부정적 반응을 보인다는 사실을 놀이를 통해서 체감하고, 하지 말아

내 안의 악마를 꺼내지 마세요

야 함을 자연스럽게 학습하게 된다. 가능하면 나에게 도움이 되고 상대방에게도 도움이 되는 행동, 그러니까 서로 잘 지내려면 어떻게 해야 하는지 습득하게 된다. 그런데 이런 자연스러운 과정을 제공받지 못한다거나 아무리 노력해도 긍정적인 사인을 받지 못하면 어떻게 될까? 굳이 어린 시절로 되돌아가 보지 않아도 우리의 일상 중에서 쉽게 알 수 있다. 해도 해도 안 되면 포기하고 체념하거나, 될 대로 되라는 식의 막무가내 근성이 생긴다.

혼자였다면 하지 못할 일도 둘이 되고 셋이 되면 가능해지기도 한다. 무리에서 이탈되지 않으려면 그들 나름대로의 규칙을 지켜야 하고, 나쁜 일도 함께한다는 것을 보여 주면서 우정을 증명하기도 한다.

충분한 사랑과 지지의 경험

소년범죄 발생의 가장 큰 원인은 심리적 지지 기반의 부족이라고 생각한다. 강간 살인, 존속 폭행 치사, 윤간 사건 등 소년에 의한 범죄가 일어날 때마다 언론이 떠들썩해진다. 그러나 그들에게 필요했던 부분이 무엇이었는지에는 얼마나 관심을 기울이는지 잘 모르겠다. 소년들이 공통적으로 꺼내 놓는 말은 자신이 마음을 터놓고 이야기할 상대가 없었고 이로 인해 심리적 문제가 생기고 상담 치료를 받고 있었지만, 그곳에서조차 마음속 이야기를 솔직히 할 수 없었다는 것이다. 왜냐하면 치료 기관에서의 상담 내용이 부모에게 전달되어 입원 조치될지 모른다는 두려움 때문이었다. 안타까운 일이지만 어쩌면 이러한 이유로 적절한 치료를 받을 기회를 놓쳤을 수도 있다.

성년이 되기 이전까지는 가정이나 양육자의 역할이 중요할 수밖에 없다. 용기나 버티는 힘, 무언가를 성취해 내는 에너지도 결국 무한신뢰 속에서 충분히 사랑과 지지를 받은 경험에서 생겨난다. 충분한 사랑과 지지를 받은 개인은 극단적 상황에서도 자신과 타인 모두에게 도움이 되는 선택이 무엇인가를 생각해내는 힘을 발휘할 수 있다. 자살이나 범죄 행동이 아니더라도 자신의 욕구를 충족시킬 방법과 도움을 줄 인적, 물적 자원이 주변에 있음을 발견해내는 힘 말이다.

아무리 주위를 둘러봐도 누구 하나 손 내밀어 줄 사람이 없다고 느낄 때 심리적 문제가 만들어지고 자신과 비슷한 상처가 있는 또래를 귀신같이 발견한다. 심리적으로 성숙하지 못한 개인이 집단을 이루고 가정과 학교, 사회에서 적응하지 못하며 비합리적이고 비상식적인 상호작용을 하면 결국에는 범죄 행동과 연결되는 악순환으로 들어가게 된다.

그러니 소년범죄의 증가나 잔혹성은 개인의 문제가 아니라 가정, 학교, 사회, 국가 모두의 책임일 수밖에 없다. 어쩌면 소년범죄에 대한 고민은 아동학대 사건 해결에도 조금은 도움이 될지도 모르겠다. 준비되지 않고 미성숙한 상태에서 만나 함께 살면서 어린 나이에 아이를 낳고 책임지기가 버거워 아동학대로 이어지는 부분도 있으니 말이다.

내 안의 악마를 꺼내지 마세요

사랑받고 싶고 인정받고 싶은 욕구는 누구에게나 있고 양육자에게서 이러한 욕구가 충족되지 않으면 욕구를 채워 줄 집단을 찾게 된다. 가정에서도 학교에서도 인정받지 못한 개인은 사이버 공간에서라도 그들만의 방법으로 욕구를 충족시키기 위해 부단히 노력하게 되는 것은 아닐는지. 자신들이 선택한 방법이 안전하지 못하고 사회적 규칙에서 벗어나는 것임을 알면서도 걸리지 않기를 바라며 위험을 무릅쓰는 것인지도 모른다.

강력 사건 피의자로 청소년을 만날 때 아무것도 하지 않고 이야기만 귀 기울여 들어도 그 자리에 앉아 있게 된 배경과 현재 상황에 대한 두려움을 말하며 잘 들어 줘서 고맙다는 인사를 듣곤 한다.

가끔 범죄자는 범죄자로 태어나는 것인지 만들어지는 것인지에 대한 질문을 받는다. 기질적 요인이 아예 없다고 단정할 수는 없으나 환경에 따라 달라질 수 있다고 생각한다. 범죄에 취약한 기질로 태어났다 하더라도 심리적, 정서적으로 지지받는 환경 속에서 성장한다면, 그래서 사물을 건강하고 긍정적으로 바라볼 수 있는 여과기를 얻는다면 숨겨 놓은 악마를 꺼내지 않을 수 있다.

청소년 범죄자들을 만날 때 가슴 한편이 먹먹하고 무겁게 느껴지는 이유는 그들이 가해자인지 피해자인지 알 수 없을 때가 많아서다. 어쩌면 범죄와 연결되지 않도록 도울 방법이 있었을지 모른다는 생각이 들어서다. 그들 중에는 상당수가 학대받은 경험을 갖고 있다. 학대 경험을 가진 이들이 가출, 무단결석 그리고 성에 관한 문제 행동과 연결되어 비행소년으로 낙인찍히는 결과에 이른다. 비행소년의 꼬리표를 달고 범죄자에 속하는 이들이 동시에 학대의 피해자라면, 처벌만으로 과연 재범을 예방하고 교화가 가능한 문제인지 생각해 봐야 한다. 이들의 심리적 상처나 자존감 저하, 수치심을 치료하는 노력이 건강한 사회를 만드는 일은 아닐까.

자녀의 말, 친구의 말을
귀 기울여 들어야 하는 이유

CROSS • CRIME SCENE DO NOT CROSS • CRIME SCENE DO NOT CROSS • CRIME SCENE DO NOT CROSS • CRIME SCENE

범죄자들이 왜 자백하는지 궁금해하는 사람들이 많다. 프로파일러의 면담과 수사관들의 면담에 어떤 차이가 있는지도 궁금해한다. 사실 대부분의 사건은 프로파일러 면담까지 진행하지 않아도 공소를 유지할 수 있을 정도로 범행 동기와 내용에 대한 세세한 진술이 확보된다. 그런데 범행을 저지르기까지의 심리적 메커니즘을 확인할 필요가 있는 범죄들이 증가하는 추세라 프로파일러를 찾는 사례가 많아졌다.

범죄자는 프로파일러 앞에서 자백을 하는 순간, 모든 것을 있는 그대로 진술하는 순간 책임져야 할 무게가 더 무거워질 수 있다. 그것을 알면서도 범행 내용을 모두 털어놓는 범죄자가 많다. 그리고 죄가 더 무거워졌음에도 불구하고 고맙다는 인사를 하며 유치장을 향한다.

범죄자도 면담자가 뭔가를 얻어 내려 한다고 인식하면 입을 꾹 닫아 버린다. 어떻게든 더 많은 벌을 주려는 처음 본 사람에게 자신의 이야기를 하려는 사람은 없을 것이다. 그러나 프로파일러는 범죄자에게 더 무거운 형벌을 부여하기 위해 면담하는 존재가 아니다. 연약하디 연약하게 태어난 개인이 왜 무서운 범죄와 만나게 됐는지 알아보기 위해서 대화하는 사람이다. 도대체 무슨 일이 있었고 어떤 생각이 그들을 범행으로 이끌었는지 알아보기 위해서다. 다시 범죄와 연결되지 않기 위해서는 범죄자도 본인이 한 일이 무엇인지 정확하게 알아야 한다.

경청, 온몸으로 집중해서 듣는 일

당장 자신이 저지른 일을 책임져야 할 입장의 범죄자에게는 그런 장황한 설명이 와닿지 않을 수 있다. 비슷한 일이 반복되지 않도록 하려면 어떻게 대처해야 하는지 도와 달라는 말이 더 효과적인 듯하다. 도움 요청을 피의자에게도 하는 것이다. 과연 효과가 있을까 의심스럽겠지만 결과는 기대 이상이다. 도와 달라는 말 한마디에 철벽같았던 방어벽을 허물고 술술 자신의 이야기를 꺼내 놓는다. 그리고 "조금만 일찍 만났더라면 좋았을 걸 그랬다"며 "자신의 이야기를 잘 들어 줘서 너무 고맙다"고도 한다. 범죄자들은 자신의 이야기를 경청해 준 사람을 만난 경험이 적은 것 같다.

경청은 그냥 듣는 것과는 다르다. 온몸으로 집중해서 듣는 일이다. 오로지 앞에 있는 사람의 말에만 귀를 기울이는 행동이다. 그런데 경청이

내 안의 악마를 꺼내지 마세요

생각보다 쉽지는 않다. 몸은 상대방 앞에 앉아 있지만 정신은 다른 곳에 가 있을 때가 있다. 그러면 상대는 말을 해도 후련하지 않고 공허함만 증폭된다. 그나마 그렇게라도 이야기할 기회가 주어지면 다행이다. 대부분은 상대를 내 앞에 앉혀 이야기할 기회를 마련하기가 쉽지 않다. 그러니 존중받는다는 느낌을 주기 더욱 힘들어진다.

범죄자들이 프로파일러에게 자신의 이야기를 꺼내 놓는 이유는 잘 들어 주기 때문이고 우리가 가족이나 친구의 말을 들을 때 집중해서 들어야 하는 이유도 여기에 있다. 잘 들어 주기만 해도 이야기하는 사람은 고민이 반으로 줄어들지도 모른다. 이론적으로도 그렇고 실제 상담 현장에서도 이야기만 했는데도 마음이 편안해졌다고 하는 이유가 다 이 때문이리라.

잘 들어 주기만 하면 이야기하는 사람은 말하는 동안 진짜 고민이 무엇인지 발견하게 되고 해결 방법도 탐색할 수 있다. 그러니 어렵지만 집중할 가치는 충분하다. 누군가 자신의 말을 잘 들어 주는 사람이 있다면 멀리서 어려운 방법으로 해결하려고 하지 않을 테다. 자신이 하려는 선택이 좋은 선택이 아니라는 사실을 알게 되면, 누군가 그렇게 이야기해 주는 사람이 있다면 극단적 선택은 하지 않을 것이다. 내가 누군가에게 그런 역할을 할 수 있다면 너무나 가치 있는 일이 아닐까.

사이코패스, 소시오패스는
정말 흔할까?

NOT CROSS • CRIME SCENE DO NOT CROSS • CRIME SCENE DO NOT CROSS • CRIME SCENE DO NOT CROSS • CRIME SC

이해하기 힘든 범죄자가 나타날 때마다 사이코패스 아니냐며 묻는 사람들이 여기저기서 점점 늘어난다. 언론에 엽기적인 사건이라고 보도가 되면 평소 관심이 없던 사람들도 연락해 온다. 그중 일부는 차라리 사이코패스라는 결론이 나기를 원하는 듯 보인다. 나와는 다른 세계에서 살고 있는 사람이고 흔하지 않은 사람이어야 위험부담을 덜 느끼고 마음도 편안해지는 모양이다. 그러나 사람들이 생각하는 것만큼 많은 범죄자가 사이코패스로 분류되지는 않는다.

사이코패스의 원인으로 스트레스 해소나 외부 세계와의 공감 기능을 담당하는 편도체의 이상과 전두엽의 기능 장애가 거론되고 있다. 의학적으로도 사이코패스의 뇌를 자기공명영상MRI으로 촬영하면 특정 상황에서 일반인과 다른 활성화 정도를 나타낸다고 한다. 그 외에 두뇌 신경다발의 이상성, 신경 전달 물질과 관련 호르몬 분비 문제도 사이코패스

내 안의 악마를 꺼내지 마세요

의 원인으로 제시되기도 한다. 물론 뇌 기능상의 문제만 지적하고 있지는 않다. 사회 환경 요인에 대한 논란도 있다. 정상 양육 과정을 거치지 못한 사람 중에 사이코패스가 많다는 사실은 일반적으로 알려졌다. 뇌의 기능에 이상 없이 태어난 아이라도 양육자의 애정을 받지 못하거나 더 나아가 학대나 방임을 당하게 되면 심리적이나 사회적 성숙이 제대로 발달하지 못해 문제가 발생할 수도 있다.

미국정신의학회에서 펴내는《정신질환의 진단 및 통계 편람DSM-5》에 따르면 이들은 사회적 규범을 따르지 않고, 사기성이 있으며, 충동적이고, 무책임하고, 무모하며, 후회나 죄의식과 같은 감정을 느끼지 않는다. 또 이런 모습이 보통 청소년기 때부터 나타나 인생 전반에 걸쳐 지속된다.

사이코패스 진단에 가장 많이 활용하는 것은 로버트 헤어 박사가 개발한 '사이코패스 체크리스트PCL-R: Psychopathy Checklist-Revised'와 미국정신의학회가 제안한《정신질환의 진단 및 통계 편람》의 반사회적 인격 장애 진단 기준이다. 로버트 헤어 박사의 사이코패스 체크리스트는 스무 가지 진단 항목을 제시한다. 수사기관에서도 이 도구를 이용하여 전문가의 최종 판단으로 진단한다.

범죄자 ≠ 사이코패스

사이코패스psychopath(정신병질자), 소시오패스sociopath(사회병질자)라고 불리는 용어는 공식적인 진단명이라고 할 수는 없고 둘 다 반사회적 인격 장애라고 표현하는 쪽이 맞을 것 같다. 굳이 둘을 구분하자면 사이코패스는 공감 능력이 아예 없고 소시오패스는 다른 사람의 감정을 알아차릴 능력은 있으나 그것을 오로지 본인을 위해서 이용하는 차이쯤으로 이해하면 된다. 또 사이코패스나 소시오패스가 범죄자 중에만 있는 것은 아니라 우리 일상 중에서도 얼마든지 만날 수 있다. 이들을 만났을 때 어떻게 대해야 할지에 대해서는 3부의 '잘못된 인연 끊어 내기'에서 자세히 다루어 보겠다. 교도소에 수감되어 있는 범죄자들의 대부분은 반사회성이 높은 사람들이다. 그러나 그중 아주 일부만이 사이코패스라고 이해하면 된다.

처음 '화성 연쇄 살인 사건'으로 불리다가 검거 후 범죄가 화성에 국한되지 않았다는 사실을 확인하고 '이춘재 연쇄 살인 사건'으로 변경된 살인 사건의 주인공 이춘재는 명확한 사이코패스였다. 단 한 번도 피해자 입장을 고려해 본 적이 없었고 사랑이라는 감정을 가져 보지도 생각해 보지도 않았다고 표현했다. 이춘재 이외에도 거론되는 범죄자들이 있지만 생각보다 그리 많지는 않다. 사이코패스 중 일부가 범죄자가 되고 그중의 극히 일부에서 흉악범이 배출된다고 생각하면 된다.

견디는 힘을 키우는
선택과 책임

어느 글에선가 "교육학자가 자녀를 망치고 심리학자가 자녀의 문제 행동을 만든다"는 내용을 읽었다. 아마도 교육학자나 심리학자가 자신이 깨달은 내용이 정말 맞는지 자녀에게 끊임없이 적용해 보는 과정에서 시행착오를 거쳤기 때문에 나온 이야기일 것 같다.

《오늘도 살인범을 만나러 갑니다》에서도 잠깐 소개했지만 선택이론 Choice theory을 근간으로 한 현실요법이 행복한 삶을 살아가는 데 도움이 된다고 생각한다. 결혼을 하고 아이를 낳아 키우면서 이런 생각이 더 굳어져서 아이들을 선택이론으로 키우려고 노력했었다. 내가 선택이론을 어떻게 적용했었는지 그리고 그것이 아이에게 어떻게 도움이 된다고 생각하는지 소개해 보려고 한다.

한 개인의 삶은 태어나는 것을 제외하고는 모든 것이 선택의 연속인지도 모른다. 그러니 선택을 잘 하는 방법을 터득할 수만 있다면, 그리고 선택에 대한 책임도 모두 개인에게 있음을 깨닫는다면 그보다 도움이 되는 것은 없으리라 생각한다.

쉽게 적용해 본 선택이론

큰 아이가 초등학교에 입학하기 전의 일이다. 아이를 데리고 슈퍼마켓을 가면 무엇인가를 사달라고 조르는 일은 흔하다. 그럴 때 엄마는 이건 되고 이건 안 되고 실랑이를 하기 마련이다. 이런 일을 계속하고 싶지 않다면 슈퍼마켓 앞에서 아이와 약속을 해야 한다. "오늘은 엄마가 두 가지를 사 줄 거야. 그러니까 잘 생각해서 결정해" 하고 말하면 아이는 들어가기 전 상황이고, 사 준다는 사실만으로도 좋아서 "좋아, 좋아" 동의한다. 약속 후 들어간다.

이때부터가 중요하다. 주인한테 미안한 상황이 생길 수 있으니 처음에는 사람이 너무 많지 않은 시간을 선택하거나 아니면 미리 양해를 구해 두면 좋다. 왜냐하면 아이는 두 가지라는 제약이 있기 때문에 무지 신중하게 선택하려고 노력한다. 가지고 싶은 것은 많고 약속은 했고 그러니 그럴 수밖에 없다. 한 개를 집어서 한참을 들고 있다가 다시 내려놓고 다른 것을 들고 또 한참을 들여다보고 어떤 때는 이게 어떠냐, 저게 어떠냐 질문도 많이 한다. 그러니 시간이 걸릴 수밖에 없다.

사람이 붐비지 않는 시간이어도 사실 조금 미안하기는 하다. 이쯤 되면 별 눈치가 안 보이는 대형 마트가 더 편한 게 아닌가 생각할 수도 있

내 안의 악마를 꺼내지 마세요

지만 동네 작은 슈퍼마켓을 가는 데는 이유가 있다. 동네 슈퍼마켓에서는 아이들 눈높이에 있는 물건 대부분이 그리 비싸지 않은 가격이다. 두 가지를 사 준다고 해도 그다지 많은 비용이 들지 않는다. 물론 꼭 두 가지일 필요는 없지만 경험에 의하면 한 가지라고 할 때보다 두 가지라고 할 때 아이가 훨씬 표정이 밝고 동의율도 높아진다.

중간 중간 엄마 의견을 물어볼 수 있다. 이때 의견을 이야기해도 괜찮지만 의견만 전달할 뿐 최종 선택은 반드시 아이가 해야 한다. 그다음 과정도 있기 때문에 반드시 지켜야 한다. 최종 선택한 물건을 계산하고 집으로 돌아온다. 처음 아이가 선택하는 물건은 불량식품으로 분류하고 싶은 겉모양만 번지르르한 제품이 많았고, 제대로 먹어 보지도 못하고 주물럭거리다 버려야 하는 일도 많았다.

지금도 있는지는 모르겠지만 물을 섞고 플라스틱 틀에 부은 뒤 냉동실에 잠시 넣어서 굳으면 먹는 무언가도 있었고, 부피는 컸는데 열어 보니 먹을 게 없었던 제품도 있었던 것 같다. 그러면 아이는 열심히 만들어서 넣어 두었는데 맛이 없어 먹지 못하거나 만드는 과정에서 다 망가지는 경험도 하게 된다. 그러면 울거나 짜증을 내면서 다시 사 달라고 조르기도 한다. 이때 두 가지를 사 주기로 했고 나는 그 약속을 지켰기 때문에 물건이 마음에 들지 않더라도 다시 살 수 없음을 명확히 이야기한다.

하나 더 떠오르는 일이 있다. 한번은 운동화를 사기 위해 상점에 들렀다. 물론 아이가 고르도록 한참을 기다렸다. 내 마음에 드는 물건이 있지만 선택이론을 가르쳐야 하니 꾹 참고 기다렸다. 은근히 내 마음에 드는 물건을 아이 눈높이에 슬쩍 옮겨 놓기도 하지만 아이는 결국 자기 마음에 드는 운동화를 고르고 그것을 사 달라고 한다. 보통 아이들은 신었다 벗었다 할 때 편한 신발을 좋아하고 즐겨 신는다. 그러나 이는 기능면의 편리성이고 아이는 색깔이 독특하고 화려한 신발을 골랐다. 아무리 봐도 한두 번 신고 말 것 같은 생각이 들지만 그동안 가르친 바가 있기 때문에 그럼에도 불구하고 계산해 준다.

이번엔 레슨비가 좀 아깝지만 어쩔 수 없었다. 아니나 다를까 유치원에 딱 한 번 신고 갔다 오더니 바깥놀이 나갈 때 신기가 너무 불편했다며 안 신겠다고 했다. 이때 "엄마는 네가 원하는 신발을 사 줬고 네가 평소 운동화를 사면 한 달은 신으니 그때까지는 좀 낡았어도 예전 신던 신발을 신고 가야 한다"고 말했다. 가혹하게 느껴질지 모르겠지만 신발이 작아서 도저히 안 들어가는 경우가 아니라면 그렇게 하는 게 좋다. 그러고는 자꾸 조르지 못하도록 아이가 잘 볼 수 있는 곳에 아이가 고른 신발을 놓아둔다. 이런 일이 반복되면 아이는 자신의 선택이 얼마나 중요한지, 자신의 선택에 대한 결과를 책임져야 하는 사람이 누구인지 자연스럽게 배우게 된다.

이쯤 되면 그래서 나의 자녀가 선택을 잘하는 아이로 성장했냐고 묻고 싶겠지만 그건 좀 더 두고 봐야 할 것 같다. 다만 선택할 때 신중하려고 노력하는 모습은 보인다. 그리고 결과에 대해 다른 사람을 탓하지는 않는다.

마음에서 일어나는 수많은 감정 중에 분노 감정을 어떻게 처리하고 조절하는지는 범죄 행동과도 밀접한 관련이 있다. 선택을 연습하다 보면 내가 선택한 행동이 가져올 결과를 예상하고, 나와 상대에게 도움이 되는 선택을 하는 일이 왜 중요한지 알게 된다. 또 순간적인 감정을 조절하지 못하면 이후에 책임져야 할 일들이 무거워지는 것도 알게 된다. 자주 건강한 선택을 연습하고 감정을 경험하다 보면 범죄 행동으로 이어지는 극단적 선택을 피할 수 있지 않을까?

다른 사람의 입장에서 생각하고 느끼는 공감 능력, 성실과 정의, 인정, 책임감을 바탕으로 하는 도덕적 가치를 이해하는 일은 결국 이런 연습을 통해 가능하다고 본다. 개인의 선택이 타인에게 미치는 영향, 같은 상황이라고 모두 같은 선택을 하지는 않음을 아는 힘, 그리고 이것을 생활 속에서 배우고 깨닫는 경험. 이런 것들이 건강한 선택을 이끌고 그 선택이 행복한 사회를 만드는 초석이 된다고 생각한다.

필요한 것은 사랑과 관심,
도움 요청

NOT CROSS • CRIME SCENE DO NOT CROSS • CRIME SCENE DO NOT CROSS • CRIME SCENE DO NOT CROSS • CRIME S

평생을 눈치 보며 살아야 한다면 어떨까? 눈치 본다는 말에서는 어떤 것이 느껴지는가? 혹 상대가 나보다 괜찮은, 또는 우월한 사람이라는 느낌이 들지는 않는가? 겸손하다는 말은 내 능력이나 자격과 상관 없이 다른 사람을 존중한다는 이야기다. 그런데 어쩐지 겸손은 해도 되고 안 해도 될 것 같은 느낌이 든다. 그래서 나는 평생 눈치 보며 살자고 굳이 말하고 싶다.

사랑과 관심으로 누군가를 대하려면 잘 살펴야 한다. 기분은 괜찮은지, 나에게 어떤 사인을 보내고 있는지, 심리적으로 편안한 상태인지, 우울한 건 아닌지, 말하기를 바라는지, 고요히 있기를 바라는지. 이 모든 것은 관심을 가져야만 보인다. 슬쩍 눈치를 살펴야 보이는 것들이다. 상대가 눈치 채지 못하게 눈치를 봐야 알 수 있는 것들이다.

그리고 그런 관심을 우리는 바로 알아차린다. 상대가 나에게 관심이

내 안의 악마를 꺼내지 마세요

있고 내가 편안하기를 바라는 마음이라는 사실 말이다. 사랑과 관심을 받은 사람은 타인에게도 사랑과 관심을 줄 수 있는 여유가 생긴다. 누군가의 보살핌과 지지가 있다고 생각하면 함부로 행동하지 않게 된다. 상대의 기대에 부응하고 싶은 마음이 자연히 생기기 때문이다.

관계에서 한 가지 중요한 게 남아 있다. 그것은 도와 달라고 말할 수 있는 용기! 면담을 진행하다 보면 과학적 증거가 있고 정황 증거도 도망갈 수 없을 만큼 확실한데 자백을 하지 않는 범죄자도 있다. 상담에서 자신의 문제 행동을 인정하는 것이 치료의 시작이듯 모든 일은 인정하는 데서 출발한다. 그러니 행위를 인정하고 왜 그럴 수밖에 없었는지를 잘 설명하는 편이 본인에게 유리함에도 그 기회를 놓친다.

도와 달라는 말은 자존심에 상처를 내는 말이 아니다. 대부분 도와 달라는 사람을 뿌리칠 만큼 매정하지 않다. 특히 가족이라면, 친구라면, 나와 잘 지내고 싶은 사람이라면 더욱 그렇다. 도와 달라고 말만 하면 자동으로 어떻게 도와줄까 신경회로가 작동할지도 모른다. 오로지 도와주기 위해! 그런데 그 말을 꺼내 놓지 못해서, 도움을 바라고 있다는 사실을 몰라서 도와주지 못하는 경우가 있다는 것을 기억하자.

내 마음속에서 꿈틀거리는 분노를 발견했을 때, 혼자서 감당하기 힘든 상처를 받았을 때, 마음이 뻥 뚫린 듯한 상실을 경험했을 때 누구든지 붙잡고 도와 달라고 해 보자. 일단 하자! 나를 이해하지 못할 거라고 생각하지 말고 일단 해 보자! 그리고 나서 그다음을 생각해도 괜찮다.

3

마음을 돌보며
스스로를
키우는 힘

DEVILS
×
PROFILER

× × ×
×

DON'T BRING OUT THE DEVIL IN ME

누구나 마음에는 악마가 산다. 이 말은 모든 사람의 마음속에는 어떤 부정적인 감정이나 생각, 유혹이 존재한다는 의미다. 인간이 완벽하지 않다는 사실을 인지하고, 자신의 약점을 인정하며 조절해 나가야 한다는 것을 강조하는 뜻이기도 하다.

프로파일러가 만나는 범죄자 대부분은 강력 범죄를 저지른 자들이다. 그리고 그중 대다수는 분노나 원한과 같은 감정을 효과적으로 다루는 방법을 몰라 범죄자가 된 사람들이다. 그날 전화만 걸지 않았더라면, 그때 만나지만 않았더라면, 집에 있는 아이들 생각을 했더라면, 조금만 참았더라면 하며 때늦은 후회를 한다.

아마도 1부와 2부를 읽으면서 멀게만 생각했던 범죄가 어쩌면 나와 무관하지 않을 수 있다는 것을 눈치 챘을지 모르겠다. 물론 마음먹는 일과 이를 실행으로 옮기는 일은 엄청난 차이가 있지만 말이다. 내 감정은 내 것이고 내 마음도 내 것인데 내가 모르는 내가 있다는 사실을 어떻게 받아들여야 할까? 내 마음의 비밀 상자에는 어떤 것들을 넣어 놓았는가? 나조차도 알아볼 수 없게 새까만 종이로 싸서 한쪽 구석에 숨겨 놓지는 않았는가?

누군가 절대로 보여 주고 싶지 않은 내 수치심을 건드려서, 아무도 도와 주

내 안의 악마를 꺼내지 마세요

지 않고 홀로 남겨져서, 열심히 살려고 했는데 기회가 주어지지 않아서 이런 모양으로 살게 되었다며 핑계를 대고 싶은가? 당신도 나라면 다른 방법이 없었을 것이라고 말하고 싶을지 모르지만 다른 사람이 나를 화나게 해서가 아니라 자존감이 낮을 대로 낮아져 있어 별스럽지 않은 말에도 쉽게 화낼 준비를 하고 있었던 것은 아닌지 생각해 봐야 한다.

누구나 살면서 어려움을 겪기 때문에 우리는 마음속에 살고 있는 악마와 싸워야 할 순간이 있다. 자신의 마음을 관찰하고 그 마음에 대해 인지하면서 항상 경계를 지켜야 한다. 악마와의 전투는 우리 자신을 강하게 만들 수도 있고, 성장에 반드시 필요한 필수적인 과정일 수도 있다.

마음의 주인이
되는 법

NOT CROSS • CRIME SCENE DO NOT CROSS • CRIME SCENE DO NOT CROSS • CRIME SCENE DO NOT CROSS • CRIME S

가슴에 크고 작은 상처 없는 사람이 세상에 어디 있겠는가? 유치원생이나 초등학생들도 "나는 이래서 속상하다. 나는 누구 때문에 상처를 받았다"며 자신의 상처를 이야기한다. 상처가 깊은 사람은 그 상처로 인해 의기소침해지고 자존감은 갈수록 낮아질 가능성이 있다. 상처를 숨기기 위해 마음에 자신만의 비밀 상자를 만들어 꼭꼭 숨겨 놓고 겉으로는 의연한 척, 화를 낼 줄 모르는 사람인 척, 세상 좋은 사람으로 살아가기도 한다. 그런데 누구도 예외 없이 상처를 제대로 치유하지 않으면 덧나고 염증이 생기며 점점 깊어진다. 그대로 방치하면 도려내지 않고는 처리하기 어려울 수 있다.

그래서인지 심리검사를 한다고 하면 혹시 내가 문제 있는 사람으로 나오지는 않을까 걱정 먼저 하는 사람들이 많다. 나는 심리적으로 건강한 사람이라고 생각하며 살면서도 막상 하나하나의 문항에 답을 하다 보면 혼란스러움을 경험하고 오락가락 응답을 한 뒤 아무래도 결과가 이상하게 나올 것 같다며 다른 사람들은 어떤지 궁금해하기도 한다. 본인의 마음속 비밀 상자를 다 풀어헤쳐서 보여 주고 싶은 사람은 없기에 가능하면 그럴듯해 보이는 모습만 보여 주고 싶은 심리다. 그런데 이것도 한 번 두 번 연습을 하면 아무것도 아니라는 사실을 알게 된다. 오히려 이런저런 검사를 통해 스스로 찾아내지 못한 마음의 상처를 찾고 아주 조금씩 긍정적으로 달라지는 삶, 행복으로 전진하는 삶을 살게 될지도 모른다.

화를 어떻게 다룰까

그럼 이쯤에서 '화'에 대한 이야기를 나누어 보자. 화를 내면 안 되는 걸까? 사람들은 일반적으로 화는 내면 안 된다고 말한다. 뭐 아주 틀린 말은 아니다. 그러나 맞는 말도 아니다. 앞에서 설명했듯이 감정 표현을 안 하고 꼭꼭 숨겨 놓는 일은 어떤 식으로든 나에게 문제를 가져온다. 숨겨 두었다고 사라지는 것은 아니다. 오히려 꾹꾹 눌러 놓으면 어느 순간 나도 감당하기 어려울 정도가 되어 폭발적으로 화를 표출해 버릴 수도 있다.

일반적으로 화를 내지 말라고 하는 것은 바로 이렇게 폭발적으로 내는 화를 뜻한다. 폭발적인 화는 관계를 망치는 지름길이다. 돌아서서

"내가 순간적으로 미쳤었나 봐"라고 사과해도 상처받은 마음이 한순간 치유되지 않고 또다시 상대에게 화의 원인이 되는 상처를 남기게 된다. 이전 관계로 돌아가려면 한참의 시간을 보내야 한다. 어쩌면 이전의 관계로 돌아가지 못할 수도 있다.

그럼 관계를 망치지 않고 화내는 방법은 없을까? 아니 화내지 않고 내 감정을 잘 전달하는 방법은 없을까? 방법은 생각보다 간단하다. 느끼는 감정을 쌓아 두지 말고 그때그때 전달하면 된다. 단 상대를 지적하고 비난하는 식이 아니고 내 감정만 전달한다.

예를 들어 "너는 왜 맨날 늦어?"라고 하는 대신 "나는 네가 맨날 늦으니 날 무시한다는 느낌이 들어서 속상해"라고 말한다. "왜 너는 매번 내 말을 무시하는 거야?"라고 하기보다는 "매번 내 말을 듣지 않으니까 기운 빠지고 어떻게 해야 할지 모르겠어"라고 표현한다. "여기서 음료수 먹지 말라고 했지?"가 아니라 "여기서 먹다가 흘리면 빨래하기가 너무 힘들어", "너는 왜 맨날 엄마를 무시해?"가 아니라 "엄마는 존중받고 싶어" 등 상대방의 잘못을 쏘아대고 비난하듯이 얘기하지 말고 나의 감정만, 내가 어떻게 상처받는지만 전달한다.

그동안 대부분 "너는 왜 그러는 거야?"의 방식으로 말했기 때문에 나를 이야기하는 것이 처음엔 무척 어색하게 느껴지고 문장이 길어진다. 그런데 한두 번만 연습하면 어렵지 않다. 그리고 상대방 역시 내 말을 들으며 무엇을 고쳐야 할지 팁을 얻을 수 있어서 관계 개선을 하고 싶은 사람이라면 어떻게 행동해야 하는지 깨닫는다.

아마도 상대가 화가 났음은 알겠는데 무엇 때문에 화가 났는지 몰라 곤란했던 경험이 있을 테다. 왜 화가 났는지 알면 사과하든 서로 의견이 다른 부분을 풀어나가도록 대화하든, 뭐든 해 보고 싶은데 몰라서 답답했던 경험 말이다. 무조건 화내고 소리 지르고 입을 꾹 다물고 대화를 거부하는 방식은 이제 그만하자. 나에게도 상대방에게도 도움이 되지 않는 방법이다.

작은 감정들을 쌓아 두지 않고 전달하고 해결하다 보면 폭발적으로 화가 날 일은 줄어든다. 전혀 그럴 일이 없어진다고까지는 말할 수 없어도 최소한 내가 화를 내서 관계가 깨지는 그런 일은 피할 수 있다고 생각한다.

또 스스로 화를 내야 하는 순간인지, 어떤 건지 모를 때는 판단을 보류하는 방법을 선택해 볼 수도 있다. 굳이 확실하지 않은 감정을 가지고 내 마음을 괴롭히지 말고 선명해질 때까지 판단을 보류하는 편이 현명한 방법이다. 그리고 또 하나, 상대방이 내 말을 들을 준비가 되어 있지 않다면 조금 기다리는 것도 좋다. 우리도 흥분해 있는 상태에서는 상대방의 말이 평소처럼 곱게 들리지 않고 자꾸 왜곡해서 받아들이니 말이다.

정리하면 첫째로 가능하면 감정을 쌓아 두지 말고 그때그때 얘기하기, 둘째는 확실하지 않은 감정은 판단을 보류하기, 셋째 상대방의 감정이 격한 상태에서는 잠시 기다리기이다. 생각보다 간단하고 쉽다. 이것이 건강하게 화내는 방법, 스스로 감정을 다스리는 방법이다.

화의 주소

그러면 우리는 언제 화가 날까? 화의 주소는 모든 사람이 같을까? 누구나 같은 문제로 화를 내는 것 같지만 잘 생각해 보면 친구, 직장 동료, 주변 사람 모두 내가 화내는 일에 똑같이 흥분하고 화를 내지는 않는다. 나를 위로하기 위해 때로 같이 흥분한 척 동조를 해 주기는 해도 내가 왜 화를 내는지 잘 모른다고 느껴 본 경험이 있을 것이다.

사실 화는 나를 존중해 달라는 자연스러운 자기방어라고 할 수 있다. 나도 중요한 사람이니 소중하게 생각해 달라는 표현이기도 하다. 그런데 이런 감정은 분노, 좌절과 상처에서 시작될 때가 많다. 그러니 상처를 입은 경험이 무엇이냐에 따라 시작도 각기 다를 수밖에 없다. 화에도 주소가 있다. 누구는 가족 이야기가 나왔을 때, 누구는 돈 문제가 나왔을 때, 또 누군가는 외모 문제에 더욱 민감하게 반응하고 더 흥분한다. 평소라면 그 정도 얘기에는 평온한 감정을 유지하던 사람이 갑자기 발끈하니 더 당황스럽게 느껴진다. 그러나 이런 반응은 상대방 화의 주소를 우리가 건드렸기 때문이다.

화의 주소는 사람의 취약한 부분, 다시 말해 그 사람의 수치심과 일치

내 안의 악마를 꺼내지 마세요

한다. 이 수치심을 느끼는 부분은 개인의 경험과 연결되기 때문에 사람마다 다르다. 수치심은 우리에게 흠이 있고 사랑과 소속감을 누릴 자격이 없다고 믿게 되는, 뼈에 사무치는 고통이라고 표현하기도 한다. 그러니 그 아픈 부분을 누군가 건드린다면 자신도 모르게 아프다고 소리치게 된다.

정말로 내 감정을 잘 다스리기를 원한다면 각자가 가진 수치심의 주소를 찾는 일이 도움이 된다. 사실 수치심 대부분은 아주 어렸을 때의 경험에서 빚어지고 본인 잘못보다는 무방비 상태에서 양육자에 의해 만들어져 제대로 손써 보지도 못하고 고스란히 우리 안에 상처로 자리 잡고 있을 가능성이 있다.

그렇지만 성인이 된 우리는, 아니 꼭 성인이 아니더라도 취약한 부분이 어디인지, 어떤 상처가 있는지 찾으려고 마음먹으면 찾을 수 있다. 늘 누군가의 눈치를 보고 내 감정보다는 다른 사람의 감정을 먼저 살피려는 부분이 있는지, 또는 외모가 꽤 괜찮은데도 늘 부족하다고 생각하는 부분이 있는지, 가족 얘기만 나오면 어디라도 숨고 싶은지 스스로 마음을 들여다보자. 그리고 찾았다면 '아, 그래서 그랬구나, 그런 부분 때문에 힘들었구나' 하고 스스로 위로하고 보듬어 주자. 괜찮다고 이제는 스스로 극복할 수 있다고 토닥이고 치료해 주자. 그러면 당장은 아니라도 조금씩, 발끈 화나는 '발끈병'이 치료됨을 느낄 수 있을 것이다.

화의 주소를 찾는 일도, 발끈병을 고치는 일도 내가 할 수 있다. 그리고 치료가 되고 많이 편안해지면 이것 때문에 틀어진 관계도 회복을 시도하면 된다. 물론 관계를 회복하고 다시 잘 지내고 싶은 사람이 있다면 말이다. 관계를 회복하고 싶은 사람에게 내가 왜 그렇게 폭발적으로 화가 났었는지 이유를 설명하고 내 문제였음을 이야기하자. 내가 먼저 손을 내민다면 상대도 그 상처에 소금을 뿌리는 일은 다시 하지 않을 것이다. 오히려 이해하고 기다려 주고 함께 격려하는 편에 설 것이라 믿는다.

여기까지만 하면 내 마음의 악마를 다스리고 내가 나의 진정한 주인으로 당당히 자리하게 될 것이다. 우리는 모두 꽤 괜찮은 사람이다. 그 가치를 빨리 눈치 채지 못할 수는 있다. 그래도 우리가 가진 저마다의 재능이 없어지진 않는다. 그러니 괜찮은 사람이라고 스스로 말해 주자. 자신의 마음을 돌보는 일이 가장 기본이고 가장 중요하다. 자신에 대한 긍정적인 생각과 표현이 자신감을 회복시키고 삶의 질을 높여 주리라 확신한다.

내 안의 악마를 꺼내지 마세요

나 자신에게 건네는
수용과 칭찬

CROSS • CRIME SCENE DO NOT CROSS • CRIME SCENE DO NOT CROSS • CRIME SCENE DO NOT CROSS • CRIME SCENE

화의 근원이 되는 수치심의 주소를 찾았고 스스로 치유했다면 끊임없이 자신에게 긍정적인 메시지를 주는 연습이 필요하다. 나는 나를 사랑하는가? 사랑한다면 얼마나 사랑하는가? 스스로 질문을 던지고 대답을 해 보자. 우리는 모두 꽤 괜찮은 사람이다. 그야말로 저마다 다른 소질을 가지고 있고 세상을 빛나게 할 힘을 가지고 있다. 능력 있는 사람을 만나거나 힘 있는 사람이 나를 도와주어야만 행복한 사람으로 살 수 있는게 아니다. 스스로를 행복하게 만들 수 있는 힘이 우리에게 있다는 사실을 깨닫기만 하면 된다.

성인이 된 나의 양육자는 나 자신

사람이 태어나서 어느 정도 성장하기까지는 주어진 환경에 문제가 있음을 알아차린다 해도 과감하게 벗어나거나 수정할 힘이 없다. 태어나는 동시에 주어지는 가족 관계와 가족 안에서의 위치는 유일하게 자신이 선택할 수 없는 부분이다. 그러나 성인이 되는 순간 누구에게나 스스로를 돌볼 힘이 생긴다. 이제 나의 양육자는 부모도 그 누구도 아닌 나 자신이다. 어린 시절 내 잘못과 상관없이 만들어진 상처가 있더라도 이제 나에게는 치유할 힘이 있고 세상을 어떤 시선으로 바라볼 것인가에 대한 결정권도 있다. 은둔형 외톨이처럼 꼭꼭 숨어서 살아갈지, 사회를 부정적인 시각으로만 바라보고 적대적 관계를 형성할지, 또는 나로 인해 주변 사람들도 편안하고 행복해질 수 있도록 만들지, 그 모든 선택이 나에게 달려 있다. 그러니 자신을 끊임없이 격려하고 칭찬하고 다독이는 습관이 필요하다. 어떤 방법이라도 상관없다. 자신만의 방법으로 매일 매 순간 긍정적인 사인을 주는 노하우를 터득하는 게 필요하다.

효과적인 방법 중 하나를 소개해 보려고 한다. 아침에 일어나서 잠들 때까지 적어도 하루에 서너 번은 거울을 본다. 세수를 하면서, 면도를 하면서, 화장을 하면서, 화장실에서 손을 씻으면서, 머리를 말리면서 꽤 여러 번 거울을 본다. 그러나 내 눈, 코, 입, 머리 등등을 개별적으로 보지 얼굴 전체를 보면서 어떤 표정인지 살피는 사람은 그리 많지 않다. 이제 이런 기회를 이용하여 스스로에게 긍정적 신호를 보내 보자. 자기 얼굴을 보면서 "너는 참 괜찮은 사람이야"라고 말해도 좋고, 소리 내어 말하

내 안의 악마를 꺼내지 마세요

기 어려운 상황이라면 '오늘도 참 괜찮군!' 하며 눈으로 말해 보자. 그러면 한결 편안하고 기분 좋아진 나를 발견할 수 있다.

아침에 등교하고 출근하며 창에 비친 모습을 보면서, 엘리베이터나 화장실 거울에 비친 얼굴을 보면서, 휴대폰에 비친 모습을 보면서도 긍정적인 신호를 보내는 습관을 만들자. 장담하건대 이삼 일만 해도 이전과 달라진 나를 발견할 수 있을 것이다. 특별히 달라진 게 없는데도 이전보다 나아진 내 모습에 놀랄 수도 있다. 그러나 당황할 필요 없다. 매일매일 더 좋아질 테니까.

첫 번째 효과는 이전에 들었다면 마음 상했을 것 같은 말을 들어도 좀처럼 화가 나지 않는 것이다. 셀프 칭찬을 통해 자존감이 쑥쑥 성장하고 그 결과로 화가 나는 횟수가 감소함을 느낀다. 자존감은 자신을 존중하고 사랑하는 마음이고, 자존감이 높은 사람은 다른 사람의 말에 크게 신경 쓰지 않는다. 상대방이 나를 비난한다고 내가 그런 사람이 되지는 않기 때문이다. 상대방이 나를 자극해서가 아니라 혹시라도 나를 비난할까 봐 방어하기 위해 존중받고 싶다고 호소하는 방법이 화의 형태를 띠는 것이기 때문이다. 자존감이 올라가면 자신감이 생겨 대인관계에도 긍정적인 변화가 생길 수 있다. 찡그리고 짜증내는 빈도가 줄어들면 주위 사람도 훨씬 편안하고 행복한 상태로 변화한다. 누군가를 행복하게 만드는 일이 생각보다 그리 어렵지는 않을 수 있다.

여러 강력 범죄 사례에서 사람이 궁지에 몰렸을 때 범죄를 저지르는 극단적인 선택을 한다는 사실을 볼 수 있었다. 자살을 선택한 사람들의 유서를 통해 세상을 살아갈 에너지가 더 이상 없어 죽음을 선택했다는 것도 알 수 있었다. 세상이 원망스럽고 범죄 이외에는 아무런 방법도 떠오르지 않았다는 고백도 수없이 들었다.

부정적인 사고의 늪에 빠져 버리면 헤어 나오기가 쉽지 않다. 어느 순간 본인이 얼마나 괜찮은 사람인지 떠올리고 뭔가 바꿔 보는 시도를 하기 어려워진다. 그러니 선택과 상관없이 주어진 가족 관계, 이미 지나온 성장 환경 탓을 하느라 낭비할 시간이 없다. 이제 내가 나의 양육자이니 부지런히 나를 돌보고 아껴주고 키우자. 기억하자. 나의 삶은 나에게 달렸다.

내 안의 악마를 꺼내지 마세요

범죄자의
두 가지 마음

CROSS · CRIME SCENE DO NOT CROSS · CRIME SCENE DO NOT CROSS · CRIME SCENE DO NOT CROSS · CRIME SCENE

현장에서 함께 일하는 수사관도 프로파일러를 신기하게 생각하는 순간이 있다. 왜 범죄자들이 프로파일러에게는 자신의 얘기를 술술 하는지 알다가도 모르겠다고 말한다. 본인들도 비슷하게 묻는 것 같은데 왜 유독 프로파일러에게 자백을 하는지 궁금해한다. 물론 환경 요인의 차이도 있다. 조사 환경과 면담 환경이 다르기 때문에 좀 더 편안하게 묻고 대답할 수 있는 분위기다. 그러나 환경보다 중요한 부분은 그들 마음에 단단하게 쳐진 방어벽을 어떻게 무력화시키는지 하는 차이다.

범죄자도 우리 같은 사람이다. 어쩌다 범죄자의 길에 서게 됐는지 사연은 모두 다르겠지만 처음부터 범죄자로 태어나지는 않았으리라는 뜻이다. 범죄자라고 그들 안의 갈등이 존재하지 않겠는가? 범죄를 모의하고 계획했다 하더라도 '실행할까 아니면 다른 방법을 생각해 볼까' 고민했을 테고 범행 후 '자수할까 아니면 도주할까' 갈등하고 또 검거되고 나면 '범행 사실 그대로를 진술해야 하나' 아니면 '모르쇠로 일관해야 하나' 아니면 아예 발뺌하고 '허위 사실을 말해야 하나' 이도 저도 아니면 '침묵으로 일관할까' 등등 끊임없는 갈등과 고민을 거쳤으리라 생각한다. 우리가 악마를 꺼내지 않으려고 애쓰듯 그들도 복잡한 생각 속에서 범행을 계획하고, 저지르고, 검거되어 프로파일러 앞에 앉게 되었다는 것이다. 이런 인간적 이해 없이 그들을 만난다면 프로파일러라도 면담은 실패로 끝날 확률이 높다.

프로파일러의 마음 열기

범죄자는 질문을 받고 대답을 하면서도 뇌 저울을 계속해서 움직인다. 모든 사실을 있는 그대로 진술하고 심리적 부담감을 내려놓을지 아니면 어떻게라도 빠져나갈 구멍을 찾아 형량을 줄여 볼지 저울질하기 때문에 생각하고 또 생각해야 한다. 그런데 앞에 앉아 있는 사람이 하나의 고민이 끝나기도 전에 또 다른 질문을 하고, 대답을 제대로 들어볼 생각도 하지 않고 또 다른 질문을 준비하는 등 끝도 없이 추궁하기만 하면 계속 "아니요"라고 대답하거나 묵묵부답으로 일관할 수밖에 없게 된다.

피의자를 검거하고 검찰로 송치하기 전 경찰 수사 단계에 주어지는 시간은 길어야 열흘이다. 여유가 있는 편은 아니다. 그것도 구속영장이 발부된 때가 그렇고 긴급체포나 체포영장만으로 조사할 때는 시간이 더 부족하다 보니 마음이 바빠진다. 그래서 자백에 의존할 수밖에 없는 상황일 때는 섣불리 판단하지 않고 신중에 신중을 기한다. 이따금 시간에 쫓길 때가 있는데 이런 경우 합리적 판단을 하기가 쉽지 않다. 더군다나 사람마다 침묵을 견디는 힘이 부족한 경우도 있어서 프로파일러든 수사관이든 스스로 성격이 어떠한지 알고 평소 침묵을 견디는 힘을 키울 필요가 있다.

범죄자는 조사를 받는 과정에서 심리적 압박감에서 벗어나고 싶은 마음도 동시에 존재한다는 사실을 이해해야 한다. 비록 범죄를 계획하고 실행한 이들이지만 우리와 똑같이 악마를 잠재우고 싶은 마음 역시 가지고 있다는 사실을 알아야 한다. 그런 마음을 잘 읽어 주는 사람을 만나면 굳이 재범 방지를 위한 프로그램에 참여하지 않아도 또다시 악마와의 싸움에서 패배하는 일 따위는 없을 수도 있다.

특수한 경우가 있긴 하지만 범죄자에게도 적당한 기회에 자신의 괴로움을 내려놓고자 하는 마음이 있다는 점, 우리가 그렇듯 범죄자의 침묵 속에도 답이 있을 수 있음을 기억해야 한다. 자칫 나의 조급함으로 인해 자백할 기회를 제공하지 못할 수 있다. 사건의 실체적 진실을 밝히는 데 꼼꼼한 수사만큼 중요한 부분이 범죄자의 진솔한 진술이고 이를 바탕으로 추가 증거를 확보할 수도 있으며, 이후 범죄를 예방하기 위한 핵심 열쇠가 들어있을 수도 있다.

재범의 함정에 빠지는 사람, 빠져나오는 사람

NOT CROSS • CRIME SCENE DO NOT CROSS • CRIME SCENE DO NOT CROSS • CRIME SCENE DO NOT CROSS • CRIME SC

어떠한 일을 잘 배워서 알게 되면 눈에 보이는 결과를 두고 비합리적인 선택을 하지 않는다. 주변인과 관계가 깨지고 감당하기 어려운 결과와 마주하게 된다는 사실을 뻔히 알면서 잘못된 선택을 하지는 않는다는 것이다. 문제는 우리가 안다고 생각하지만 사실 제대로 알지 못할 가능성이 있다는 점이다. 어설프게 알고 있으면 선택으로 인한 결과를 예상하면서도 반복해서 같은, 그러니까 잘못된 선택을 하게 된다.

구속되어 교도소에 다녀온 사람들 대부분은 다시는 그곳에 가고 싶지 않다고 말한다. 물론 반복해서 교도소 생활을 하다 보면 거기도 살 만하다며 먹고살기 힘들다는 이유로 다시 그 길을 선택하기도 한다. 하지만 대부분은 자유가 제한되는 교소도 생활에 몸서리를 친다. 그런데도 같은 일을 저지르고 괴로워하는 모습도 본다. 이번에는 진짜 반성하고 있다며 제발 구속되지 않도록 도와 달라며 매달리기도 한다.

내 안의 악마를 꺼내지 마세요

그러나 그렇게 이야기하는 순간까지도 자신이 왜 그 자리에 와서 앉아 있는지 이유를 설명하지 못한다. 어쩌다 보니 자신도 모르게 같은 일을 저질렀다고 말하거나, 부모, 형제, 친척에게 도움을 요청해 봤지만 누구도 도와주지 않아서 어쩔 수 없었다고 말한다. 누구라도 자신과 같은 처지였다면 다른 방법을 생각하지 못했을 거라며 동정을 구한다. 이런 경우 운이 좋아 구속되지 않고 집행유예를 받는다 해도 집행유예 기간 내에 재범을 저지르고 가중처벌될 가능성이 높다고 평가된다. 왜 그럴까? 구속되는 것이 끔찍하고 너무나 싫었다고 하면서 그동안 자신이 해오던 범행을 반복해서 저지르는 이유는 무엇일까?

스스로 이유를 아는 데서 시작이다

정신적 문제를 가지고 있는 사람이 병식이 없어 단약을 하게 되거나 치료를 거부하여 살인 등 심각한 문제 행동까지 일으킬 때가 있다. 범죄자 역시 범죄를 저지른 이유를 스스로 명확히 알지 못하면 비슷한 상황에서 같은 선택을 하고 괴로워하는 행동을 반복하게 될 수 있다.

대학 임상심리학 시간에 보았던 영상을 하나 소개하려 한다. 영상 속 주인공은 강간죄를 저지르고 구속 기간 중 같은 죄를 저지른 재소자들과 집단 상담을 진행했다. 각자 돌아가면서 자신이 어떤 죄를 저질렀는지 이야기하고 왜 그런 범죄를 저질렀는지 고백하는 장면이 나온다. 한 사람이 이야기하면 서로 공감해 주고 의견을 나누는 모습이었다. 일정 기간 집단 상담을 진행하고 자신이 왜 범죄와 연결되었는지 어떻게 하면 재범을 저지르지 않을 수 있는지 깨닫게 되는 장면, 그리고 상담을 통해 스스로 분석해 가는 모습 등 자기 분석 장면이 여러 차례 제시된다.

그리고 어느 날 가석방을 판단하기 전 절차로 여러 명의 면접관 앞에서 질문을 받는 장면이 나왔다. 면접관 중 한 사람이 왜 강간죄를 저질 렀다고 생각하는지 이유를 묻는다. 대상자는 어렸을 적 경험을 털어놓는다. 학교에 들어가기 전 나이인 대여섯 살 때의 기억이었다. 대상자의 아버지는 군인이었고 어머니는 가정주부였다.

권위적이고 술을 좋아하시던 아버지가 자신을 데리고 여자가 있는 술집에 갔던 기억을 떠올리며 한동안 눈물을 흘리고 괴로워하는 모습이 보였다. 술집에서 아버지가 술에 취해 술집 여자를 끌어안고 가슴과 신체 부위를 만지던 기억을 이야기하더니 갑자기 오열한다. 한참이 지난후 어렵게 꺼내 놓은 이야기는 아버지가 자신에게 벌인 일이었다. 자신의 손을 끌어다가 술집 여성의 가슴을 만지게 하면서 "너도 사내라면 이런 것쯤은 할 수 있어야 한다"고 남성의 역할을 강요하고 술집 여성과 아버지가 자신을 비웃던 모습을 떠올리며 힘들어했다. 회상이 끝나고 나서 자신은 아버지가 너무 미웠고 그런 기억 때문에 강간을 저지른 것 같다고 말한다.

대상자의 이야기를 들은 여러분은 강간을 저지른 이유가 충분히 설명되었다고 생각하는지 모르겠다. 탐색하고 꺼내기까지 긴 시간이 걸린 끔찍한 기억이고 너무 수치스럽고 모욕적인 경험이다. 그러나 면접관들은 가석방 불가 판정을 내렸다. 왜 그랬을까?

대상자는 아버지가 미웠다고 말했다. 그런데 그가 저지른 강간죄는 여성을 대상으로 한 범죄였다. 아버지가 미웠는데 왜 여성을 대상으로 범죄를 했는지 설명이 안 된다는 판단이었다. 여러 번의 가석방 면접에서 떨어지고 결국 구속 기간을 마친 후 대상자는 출소했다. 그리고 얼마 지나지 않아 가족들과 행복한 식사를 하던 중 같은 죄로 체포되는 장면이 나온다. 대상자는 형기를 모두 채우고 출소했지만 출소할 때까지 진짜 이유를 찾지 못한 상태였다. 출소하고 취업을 해서 정상적인 생활을 하고 있는 듯했지만 퇴근길에 지나가는 여성을 뒤따라가 강간 후 아무렇지도 않게 가족과 식사를 하고 있었던 것으로 드러났다.

그리고 예전처럼 집단 상담 장면이 나오고 다시 가석방을 위한 면접 장면이 나오는데 이번에는 조금 달랐다. 기억 속에 아버지와 관련된 에피소드는 동일했지만 이번에는 어머니가 등장했다. 대상자는 아버지가 죽이고 싶을 만큼 미웠지만 감히 아버지에게는 반항할 마음을 품지 못했다고 말했다. 아버지가 대상자를 데리고 나가려고 하거나 술집에서 원치 않는 행위를 강요당한 뒤 어머니가 자신을 도와주기를 바랐다. 자신을 데리고 나가지 못하도록 아버지를 말려 주거나, 무엇 때문에 힘들어하는지 자신의 이야기를 들어 주기를 바랐다.

그러나 어머니는 내성적인 분이셨고 늘 묵묵히 청소를 하거나 요리하는 모습만 기억에 남아 있었다. 대상자가 이야기를 하려고 해도 듣지 않았다. 예상컨대 자신도 감당하기 힘들어서 외면했던 것으로 보였다. 대상자에게 아버지는 감히 미워할 수도 없는 대상이었기에 어머니의 도움을 간절히 원했는데 어머니마저 외면해 버리니 그런 어머니가 더 미웠다고 말했다.

이 영상을 보면서 소름이 끼쳤던 기억이 지금도 생생하다. 그게 지금의 나에게 어떤 영향을 미쳤는지는 잘 몰라도 어머니는 용감해야 한다는 생각은 지금도 가지고 있다. 불화를 일으키지 않겠다는 이유로 침묵하고 참는 행동이 능사가 아니라는 생각이 삶을 더 열심히 살도록 만들었는지도 모르겠다.

아무튼 같은 범죄와 다시 연결되지 않기 위해서는 철저한 자기분석이 필요하다. 죄종에 따라 탐색의 방법이 다르겠지만 어떤 상황에서 극단적인 선택을 하게 되는지 스스로 원인을 깨닫는 일은 매우 중요한 요인이다.

다양한 환경적 요인을 다루는 시스템

물론 개인적 요인만이 재범의 원인이 되는 것은 아니다. 출소 후 맞닥뜨릴 생활환경이나 사회적 상황, 가족, 친구, 경제적 상황 등 다양한 요인이 환경적 요인으로 작용할 수 있다. 출소한 지 한 달이 되기도 전에 재범을 저지른 범죄자 중에는 출소해 보니 가족이 다른 곳으로 이사를 해 갈 곳 없었다는 경우도 있었고, 자신의 학력이나 능력으로는 취업할 방법이 막막했다고 말하는 사람도 있었다. 이러한 환경적 요인은 재범을 유발할 수도 있고 극복하는 데 도움을 줄 수도 있다. 가정폭력 등 폭력적 환경에 빈번히 노출되거나 안정적인 생활공간이 없을 때 부정적인 선택을 할 가능성이 생긴다. 교육의 부재, 가정의 경제적 어려움, 친구들과의 부정적인 교류, 사회적 차별 등도 문제적 요인으로 작용할 수 있다.

이뿐만 아니라 구속 수감 중 알게 된 수형자들의 영향으로 재범의 굴레에서 벗어나지 못하는 범죄자들도 현장에서 만나게 된다. 본래 교정기관의 사회 복귀 효과는 수형자의 재범 위험성의 실질적인 경감 내지 제거를 의미한다. 물론 교도소에서의 사회 복귀 제도나 직업훈련제도 등이 긍정적 요인으로 작용하기도 하지만 이것이 출소 후 취업과 실질적으로 연계되지 않는다거나 수형자들이 가지는 고유한 문화에 동화되어 교정기관의 의도와는 달리 반사회적 재사회화를 경험하기도 한다. 교도소 동기나 지인과의 관계가 출소 후에도 이어지던 중 공범이 되어 또 다른 강력 사건으로 연결되기도 한다.

사실 환경적 요인 대부분은 대상자가 이전에 가지고 있었던 환경적 요인과 연결된다. 때문에 출소 전 범죄를 유발할 수 있는 요인을 평가하고 치료나 재교육이 필요한 문제를 다루는 형벌 체계나 시스템 정비가 선행되어야 한다.

재범에 영향을 미치는 요인은 이외에도 여러 가지가 있고 실제로 재범을 예측하기 위한 도구도 존재하나 무엇보다 중요한 일은 재범의 늪에 빠지지 않기 위해서 개인이 할 수 있고, 해야만 하는 과제를 수행하는 방법을 아주 구체적이고 세세하게 알려주는 일이다. 안다고 생각하는 것과 제대로 잘 아는 것은 아주 큰 차이가 있고 '아하!' 하는 깊은 깨달음이 있을 때 행동 변화를 기대할 수 있다.

잘못된 인연 끊어 내기 #1
―가족, 연인, 친구의 가스라이팅

CROSS • CRIME SCENE DO NOT CROSS • CRIME SCENE DO NOT CROSS • CRIME SCENE DO NOT CROSS • CRIME SCENE

지금까지는 내 안의 악마를 꺼내지 않는 방법을 다뤘다. 그러나 범죄와 연결되는 상황은 내 안의 문제가 아닌 잘못된 인연에서 시작될 때도 있다. 이제 잘못된 인연에서 벗어나기 위한 방법을 이야기해 보려고 한다. 물론 어떠한 경우에도 잘못된 상황에 얽힌 책임을 피해자에게 물을 수는 없다.

다만 상황을 어떻게 인지하는지의 차이가 그다음 선택에 영향을 미치기 때문에 혹여 좋지 않은 상황에 처하더라도 보다 나은 선택을 할 수 있음을 이야기해 보려고 한다. 피의자는 어떤 사람이고 피해자는 어떤 마음으로 어떻게 행동해야 할지 미리 알아보고 생각해 보는 연습은 분명 의미 있는 일이라고 믿는다.

매 맞는 사람은 매 맞은 이유가 있다거나 왕따를 당하는 사람에게는 그럴 만한 이유가 있을 수 있다고 말하는 사람들의 생각은 완전히 잘못된 것이다. 그 누구에게도 폭력을 행사하거나 무시하는 행동을 해서는 절대로 안 된다. 단지 극한 상황에 맞닥뜨렸을 때는 누구라도 인지부조화가 일어날 수 있기 때문에 한 번 더 강조하기 위함이니 혹시라도 오해가 없기는 바라는 마음이다.

가스라이팅이란

우선 가스라이팅에 대해 먼저 살펴보자. 가스라이팅은 가해자가 피해자의 심리와 상황을 조작해 자신을 스스로 의심하게 만들어 무력화시킨 후, 피해자에게 지배력을 행사하고 파멸에 이르게 만드는 병리적 심리현상이다. 연인뿐만 아니라 가족, 친구, 직장 내 모든 관계에도 통용되며[1], 상대방에 대한 거부나 부인, 반박 등의 여러 가지 전략을 사용하여 피해자가 정서적 혼란을 경험하고 현실 감각을 왜곡하게 하는 등 정서적인 학대의 유형으로 볼 수 있다.[2]

가스라이터(가해자)는 자신의 견해에 대한 비난이나 반대 의견을 견딜 수 없기 때문에 상대방이 자신의 말에 일말의 반대를 할 수 없도록 상대가 중요하게 생각하는 것에 대해 협박을 하는 등의 조작을 가한다.[3] 특

1 Stern R, 〈The gaslight effct〉, Harmony, 2007.
2 Sweet, P. L., 「The sociology of gaslighting」, 〈American Sociological Review〉, 84(5), 2019.
3 Abramson, K., 「Turning up the lights on gaslighting」, 〈Philosophical perspective〉, 28, 2014.

내 안의 악마를 꺼내지 마세요

히 연인 관계에 대한 자신의 기준에 가스라이티(피해자)가 동의하게끔 하는 강한 욕구를 보이는 등[4], 가스라이팅에서 조작 혹은 조종은 필수적으로 발생하며 중점적인 역할을 한다.[5]

관계 초반에는 가스라이티가 현실 감각을 유지하며 가스라이터의 말과 행동을 불신하는 단계에서부터 시작하나 이후 가스라이팅이 진행되면서 자신의 견해를 유지하기 위해 고군분투하는 방어 단계로 이어지게 되고 이를 버텨 내지 못한 가스라이티는 결국 우울한 상태에 이르러 가스라이터의 통제 아래 완전히 압도되어 버린다.[6]

가스라이팅으로 정서적 학대를 당한 피해자는 인지적, 정서적 손상을 비롯하여 끊임없는 부정적 생각과 감정이 해소되지 못한 채 외상 경험으로 변질되어 가스라이팅에서 빠져나오거나 회복할 수 없게 되고 결국 정상적인 삶을 영위할 수 없게 된다.[7]

가스라이팅은 가족, 연인, 친구 등 다양한 관계에서 일어나지만 심각한 문제로 이어지는 경우는 주로 연인, 그러니까 부부나 교제 중인 사이에서 일어나는 때이다. 이를 보여 주는 두 가지 사건을 같이 살펴보고 이야기 나누려 한다.

---

4 Spear, A. D., 「Gaslighting, confabulation, and epistemic innocence」, 〈Topoi〉, 39, 2020.
5 Abramson, K., 같은 글
6 Stern R, 같은 글
7 Petric, D., 「Gaslighting and the knot theory of mind」, 2018.

피해자 명의로 사망보장보험에 가입한 후 수영을 잘 하지 못하는 피해자가 계곡에서 다이빙을 하게 만들어 사망한 사건이 있었다. 피의자는 친구들, 그리고 피해자와 계곡 인근 폭포에 도착하여 고기를 구워 먹고 물놀이를 하였다. 구조요원이 퇴근한 시각 물가 근처로 자리를 옮겨 라면과 수박을 먹고 돌아가며 다이빙을 해 보기로 한다.

친구들이 먼저 다이빙을 하고 이제 피해자의 차례가 되었지만 용기가 없어 망설였다. 망설이는 피해자를 보며 피의자는 하기 싫으면 하지 말라며 면박을 주듯 말하고 정 싫으면 본인이라도 뛰겠다며 반복적으로 자존심을 자극했다. 일행은 튜브를 가지고 기다릴 테니까 걱정하지 말고 뛰라며 부추겼다. 급기야 피해자가 뛰어내렸고 물 밖으로 나오지 않는 것을 확인한 후 119에 신고했다. 119가 도착하고 다이빙 장소 수면 아래에서 피해자의 시신이 발견되었다.

여러 관련자 진술에 의하면 다이빙을 할 당시는 일몰 이후로 어둑해질 무렵이었으나 어느 정도 사물 식별은 가능한 정도였다. 폭포 근처는 낮에는 자리가 없을 정도로 사람이 많았으나 다이빙을 할 때는 피해자와 피의자 일행 이외에는 다른 사람이 없었다고 했다.

다이빙 장소는 수면으로부터 약 4미터 높이 위에 있으며 수심이 약 3미터가량 되어 수영 실력이 있는 사람도 쉽게 뛰어내리기 어려운 높이와 깊이였다. 게다가 어둑어둑해지고 구조요원까지 퇴근해 더더욱 뛰어

내리기 어려운 상황이었음에도 굳이 왜 다이빙을 했는지 의아했다. 누가 봐도 잘 이해가 되지 않는 상황인데 피의자와 그 일행 중 일부만 자연스러운 상황이었다고 주장했다.

피해자는 피의자와 결혼하고도 혼자 거주하고 있었고 15년째 연구원으로 근무하고 있었지만 늘 경제적으로 어려움을 겪고 있었다. 피의자를 유흥업소에서 알게 되었고 금전 거래를 하고 해외여행을 다니는 등 친분 관계를 유지하다가 혼인신고를 했다. 피의자와 알게 되면서 마이너스 통장 개설을 시작으로 퇴직금 중간 정산으로 돈을 마련하고, 금융권과 대부업체에서 많은 돈을 대출받았다. 결혼 이후 종신보험 등 사망보험에 가입했고 수익자는 피의자로 지정했으며 경제적으로 쪼들리면서도 보험료는 납부했음을 확인했다.

피해자는 소극적인 성격으로 역동적인 스포츠 활동을 할 만큼 무모한 성정이 아니었고 겁이 많았다고 주변 사람들은 평했다. 사망 즈음에는 금전적 문제를 해결하기 위해 무분별한 대출을 시도하고 장기매매를 고려하는 등 극단적 상황에 놓여 있는 것으로 보였다.

피의자는 외동딸로 태어났으며 아버지는 사채 빚을 낼 정도로 경제적 능력이 없었고 어머니는 장애가 있어 기초 생활 수급자로 생활하고 있었다. 피해자와 결혼 이전에도 결혼 경력이 있었고 어머니에게 자신의 딸을 맡기고 종종 돌보는 수준으로 양육하고 있었다. 친구들과 생활하며 일정한 수입도 없이 성매매, 도박 등 주로 불법적인 경제활동을 하고 있었고 피해자와 결혼한 후 함께 산 흔적은 찾을 수 없었다. 청소년기에 만난 친구와 내연 관계를 유지했고 피해자와 혼인신고 후에도 별도의 이성 관계를 유지하며 생활하고 있었다.

주변인들의 진술에 의하면 피해자에게 호감을 표시하는 사람에게 돈을 얻고자 친구에게 거짓말을 하도록 지시하고 돈이 필요한 상황을 연출, 경제적 결정을 유도하고 지시하는 등 타인을 조종하여 현금을 취득하는 경향이 있었다. 피의자는 부모 부양 목적으로 피해자에게 돈을 요구하고 받아 왔으나 부모에게 금전적 지원을 했던 흔적은 확인되지 않았다. 도박 사이트 운영에 투자하거나 여행을 하고 도박을 즐기며 무계획적이고 충동적인 소비를 한 것으로 확인되었다.

피의자와 피해자는 한 달에 한두 차례만 만났고 대부분은 전화 통화로 관계를 유지했다. 피해자가 이에 문제를 제기하면 문제의 원인을 피해자 책임인 양 자신만의 논리로 상대를 설득하려고 한 정황들도 발견했다. 피해자는 말이 안 되는 줄 알면서도 더 많은 능력이 없는 자신을 탓하며 피의자가 원하는 대로 움직였던 것 같다.

피의자는 서류상으로만 결혼 관계를 유지하다가 더 이상 경제적 가치가 없다고 판단하자 사망보험금을 수령할 목적으로 범행을 저지른 것으로 보였다. 가스라이팅에 의한 인지부조화로 피해자는 결국 다이빙을 시도했고 사망에 이르렀다. 사랑을 담보로 한 가스라이팅이 얼마나 무서운지 실감하게 만든 사건이었다.

내 안의 악마를 꺼내지 마세요

살인으로까지 이어지지는 않더라도 연인 사이 교제 중 크고 작은 사건들도 벌어진다. 사랑을 바탕으로 맺어진 관계이다 보니 상대를 조금 더 배려한다는 생각에서 불편하거나 부당하다고 느끼면서도 상대방의 부탁을 들어 주려고 노력하게 된다. 가스라이터는 그 감정을 이용해서 점차 강한 요구를 하는 방식으로 가스라이티의 약점을 파고든다. 그리고 치명적 손상을 입고 난 다음에야 겨우 주변에 도움을 청할 용기를 낸다. 그런데 정보 부족으로 도움을 청할 자원이 없다고 판단하거나 용기를 낼 만한 에너지마저 떨어지는 때는 앞서 설명한 사례처럼 죽음 후 가족들 품으로 돌아오는 경우가 생긴다.

연인 간 가스라이팅과 강간

우연히 식당에서 피해자를 본 피의자는 첫눈에 반해 연락처를 요구했다. 한동안 SNS로 연락을 주고받다가 교제를 시작했고 첫 번째 만남부터 성관계가 있었다. 성관계 시 성교통이 있어 중단했지만 함께 노력해 보자며 대화로 소통했다. 그런데 한 달 정도가 지난 뒤 자위할 때 보겠다며 구강성교 장면을 찍어 달라 요구했다. 피해자는 자신이 상대방을 만족시키지 못하기 때문에 생긴 요구라 생각하며 얼굴이 나오지 않는 범위에서 찍으라고 허락했다.

그런데 시간이 지날수록 요구사항이 많아졌고 동영상 촬영 범위나 수위가 점점 심각해졌다. 호텔 복도나 공중 화장실 등 사람들 눈에 띄는 장소에서 성관계 장면 촬영을 요구하는가 하면 나체에 낙서하고 신분증을 올려놓은 후 촬영하기를 요구했다. 피해자가 싫다고 거부하자 촬영물을 인터넷에 올리겠다고 협박하기 시작했다. 수위가 점점 높아지고 피해자가 더욱 강하게 거부하니 이불로 덮어 짓누르는 등 폭행을 했고 도망쳐 나와 112에 신고한 적도 있었다. 유포가 걱정되어 헤어지지도 못하고 강압적인 성관계와 폭언, 폭행을 참아야만 했다.

배달 음식을 시킨 뒤 배달원 앞에서 무릎을 꿇고 항문과 음부를 보여주게 하고 이를 촬영했다. 또 피해자가 급성 질염으로 치료를 받고 있음에도 불구하고 성행위를 계속 요구하자 피해자는 모든 것을 감수하고 헤어질 결심을 했다. 그리고 만약의 경우를 생각해 자신도 음성 파일 등 증거 자료를 가지고 있어야겠다고 마음먹고 폭언, 폭행 관련 내용을 녹음했다. 피의자는 강간과 촬영을 반복하다 나중에는 피해자가 촬영에 동의해서 자발적으로 촬영하는 듯이 연기하도록 강요했고 촬영물을 유포하겠다는 협박도 계속했다. 그러던 어느 날 피해자는 피의자가 지인에게 동영상 일부를 보냈음을 우연히 확인했고 우여곡절 끝에 헤어진 뒤 고소했다.

피의자는 이상 성행위에 대한 강한 욕구를 가지고 있었다. 공감 능력이 결여되어 있고 죄의식도 부재한 반사회적 성향으로 상대방을 통제하거나 조종하며 욕구를 채웠다. 이상 성욕에 심취해 여성을 자신의 성

내 안의 악마를 꺼내지 마세요

적 환상을 실현하기 위한 도구로 활용하려고 했다. 피해자가 자신의 뜻대로 따라 주지 않으면 불같이 화를 내며 특별한 것도 아닌 말에 자신을 무시한다고 하며 극단적으로 해석하는 경향도 있었다. 그리고는 또 이것을 "네가 정말 미안하면 내 부탁을 들어줘야 한다"라며 자신의 욕구를 충족하는 수단으로 이용했다.

이러한 일이 반복되자 피해자는 신체적으로나 정신적으로 견딜 수 없는 상태에 이르게 되었다. 일반적으로 연인 간 폭력(신체적·정서적 폭력, 성폭력)은 정서적 친밀감을 기반으로 발생하기 때문에 정서적으로 심각한 손상을 입게 되고 분노와 불안, 우울증, 낮은 자존감을 경험하게 된다. 뿐만 아니라 자살 충동을 느끼기도 하고 대인관계에서도 회피적 성향이 생긴다. 피해자는 피의자의 폭력 행동을 이해하려고 노력하고 자신의 잘못으로 인해 문제가 생긴 것은 아닌지 끊임없이 반성한다. 그 과정에서 현실 감각이나 판단력이 흐려지고 누가 보아도 폭력 상황임에도 원래 그런 사람은 아니었다며 두둔하기도 한다.

이 사건의 피해자도 자신이 성교통을 느끼는 것을 상대방의 과격한 행동 때문이라고 생각하지 않고 자신에게 문제가 있어 상대방을 만족시키지 못했다고 생각했었단다. 성적 착취를 당하고 이해하기 어려운 비정상적 상호작용이 지속되고 있는데도 유포를 확인하기 전까지 피의자가 변하기를 기대하며 더욱 잘해 주려고 노력했다고 한다.

얼핏 보면 일반적인 폭행이라고 생각할 수 있고 아무리 강요해도 들어주지 않으면 되는데 왜 요구하는 대로 동영상을 모두 찍었는지 의아해하는 사람도 있을 것이다. 그런데 피의자가 반복해서 피해자를 신체적, 정서적으로 학대하며 자신의 심리적 지배 아래 두는 과정에서 피해자는 정서적 혼란을 경험하고 자책하는 모습을 보이는 등, 두 사람의 관계가 가스라이팅 가해자와 피해자의 상호작용 특성에 부합했다.

가스라이터에게 벗어나기

피해자가 피의자의 행동이 잘못임을 인지하고 계속 지적하거나 거부 의사를 표시하는 등 현실적 판단력을 어느 정도 유지되고 있었다 하더라도 결과는 크게 달라지지 않는다. 이는 피해자가 보통 가스라이티가 보이는 심리적 변화 과정을 모두 거치지 않았다는 사실을 의미할 뿐 피해가 없었다고 할 수는 없다. 피해자가 반복해서 거부 의사를 명확히 표현해도 피의자는 집요하게 피해자를 괴롭히고 강요하는 방식으로 피해자가 어쩔 수 없이 동의할 수밖에 없는 상황을 만든다. 강요로 인한 피해자의 결과적 동의를 피의자와 의견을 같이한 의미로 보기는 어렵다.

사건을 진행하다 보면 어느 정도 동의를 한 부분이 있기 때문에 자신의 말을 믿어 주지 않을 것이라고 지레 겁을 먹고 고소를 포기하려고 했다는 사람도 만난다. 수사기관을 백 퍼센트 신뢰하지 못하는 데는 나를 포함한 수사기관의 책임도 있지만 어쩌면 피해를 당하면서 자기 자신에 대한 확신이 점차 약해졌기 때문일 수 있다.

자기 자신에 대한 확신이 없어지면 주위 사람에게 도움을 청할 엄두도 못 내고 피해는 고스란히 피해자의 몫이 되어 버린다. 어떤 경우에도 피해를 당하는 일이 피해자 책임이 아님을 명심하자. 스스로 탓하며 뒷걸음질 치면 피해 상황에서 벗어날 수 없다. 자기 자신이 스스로 믿지 못하는데 누가 믿어 준다는 말인가?

가스라이터로부터 벗어나는 최고의 방법은 관계를 최소화하거나 끊는 일이다. 당장 실행할 수 없다면 본인이 처해 있는 상황을 인지하고 할 수 있는 방법으로 거리두기를 실천하고 스스로 상처받은 마음을 치유하면서 서서히 관계를 정리하는 것이 좋다. 가스라이터를 이해하거나 바꾸는 일은 불가능하다. 그게 누구든 상대방을 바꾸는 일은 어려운 일이고 가스라이터라면 더더욱 희망이 없다. 우리가 바꿀 수 있는 존재는 오로지 '나'뿐이다.

보통의 관계에서는 나를 바꾸면 상대도 바뀔지 모른다는 희망이 분명 있다. 내가 어떤 태도로 대하는지 상대가 바로 눈치 채고, 만일 관계를 회복하고자 하는 사람이라면 상대도 바뀐다. 그러나 조종하거나 통제하려는 사람이라면 더 교묘한 방법으로 가스라이팅하며 괴롭힌다. 그러니 상대가 나를 조종하고 통제하려고 하는 것이 명확하다면 방법은 하나다. 다른 희망을 품지 말고 관계를 정리하기 위한 최선의 방법을 찾아야 한다. 불행의 길임을 알면서도 수렁으로 빠져들지 말자. 필요한 경우 전문 기관이나 전문가의 조언과 지도를 받는 것이 좋은데 이 부분은 207쪽에 더 자세히 담았다.

잘못된 인연 끊어 내기 #2
—그루밍과 데이트폭력

CROSS • CRIME SCENE DO NOT CROSS • CRIME SCENE DO NOT CROSS • CRIME SCENE DO NOT CROSS • CRIME SCENE

최근 가스라이팅, 그루밍과 같은 심리적 통제를 통한 성폭력 사건이 빈번하게 나타나고 있다. 그루밍grooming은 마부groom가 말을 빗질하고 목욕시켜 말끔하게 꾸민다는 데서 유래한, 원래 동물의 털 손질, 차림새라는 뜻을 가진 단어이다. 그러나 그루밍 범죄에서 그루밍이란 호의와 친밀감을 통해 신뢰를 쌓고 심리적으로 지배하는 일을 의미한다. 그루밍 성범죄란 가해자가 피해자에게 호감을 얻거나 돈독한 관계를 만드는 등 심리적으로 지배한 뒤 성폭력을 가하는 범죄를 말한다. 자신보다 경험이 부족하거나 미숙한 사람에게 접근해 신뢰 관계를 형성한 이후 성 착취를 일삼는 일련의 행위로 주로 아동, 청소년을 상대로 빈번하게 발생하며 성인을 대상으로 한 그루밍 성범죄의 경우 연인 간 성관계와 명확한 구분이 어려운 경우도 있다.

아동, 청소년, 성인을 막론하고 사건 이후 피해자는 심리적 고립감, 사회적 소외감 등을 느끼고 이로 인해 정서적 불안정성이 높아져 우울한 감정에 오랜 시간 빠질 가능성이 있다. 그러면 자신이 감당해야 할 문제 상황을 회피하거나 수동적으로 대처하여 피해 진술을 제대로 하기 어려 워한다. 피해자는 피의자 행동의 의도를 눈치 채지 못하고 순응한 자신을 탓한다. 이때 피해자가 경험하는 회의감이나 무력감은 우리가 상상하는 그 이상이다. 아동을 상대로 오픈채팅방 등에서 온라인 그루밍을 시작한 사례는 앞에서 다루었기 때문에 여기에서는 최근 빈번히 벌어지는 고등학생 그루밍 범죄에 대해 이야기하려고 한다.

입시를 앞둔 고등학생 대상 그루밍 범죄

피해자는 입시를 준비하며 학원을 다니고 있었다. 피의자는 피해자를 관리하는 강사였다. 사건 당일 피의자가 피해자에게 메시지를 보내면서 연락이 시작되었다. 대화 도중 피의자가 함께 바다를 보러 가자며 집으로 이동 중인 버스에서 내리라고 했고 피해자는 이를 따랐다. 버스정류장에서 피해자를 차에 태운 피의자는 바다가 보이는 곳으로 이동했다. 해수욕장에 도착하여 피의자가 뒷좌석으로 이동하였고 피해자에게도 뒷좌석에 앉으라고 한 후 피해자의 무릎에 눕거나 피해자를 피의자의 무릎에 눕히고 심장 소리를 듣는다며 가슴에 손을 얹는 행위를 반복하였다.

내 안의 악마를 꺼내지 마세요

바다를 본 뒤 집에 데려다주기를 기대했으나 일정 시간이 지나고 피해자를 데리고 피의자 집 방향으로 이동하던 중 호텔을 발견한 피의자가 피해자를 호텔에서 자게 해 주겠다며 차를 돌려 들어갔다. 피의자는 다음 날 출근해야 하는데 새벽에 피해자를 집까지 데려다주는 것이 부담스럽다고 호텔에서 자면 아침에 데리러 오겠다고 했다. 그래서 피해자는 혼자서 자는 것으로 생각하고 호텔에 들어갔다고 설명했다. 막상 호텔에 도착하자 피의자는 객실로 들어와 함께 있겠다고 했고 영화를 틀어 주고 배고프다며 룸서비스 이야기를 하고는 먼저 씻겠다며 화장실에 들어가며 자연스럽게 같이 있게 되었다.

이후 잠이 들려는 피해자를 향해 자신을 안아 달라고 요구했으며 피해자는 토닥이기만 했으나 피의자가 피해자를 안으며 점차 신체적 접촉을 시도했다. 피해자의 가슴과 음부를 만지고 피해자의 손을 이용해 자위하거나 피해자의 음부에 자신의 성기를 삽입하는 등 강간을 시도했다. 피해 당시 피해자는 대부분 눈을 감고 자는 척할 수밖에 없었다. 오로지 입시 걱정만 했기에 적극적으로 거부하면 앞으로 지도를 받을 수 없다 생각해서 가만히 응해 주고 빨리 넘겨야겠다고 마음먹었다. 계속 뒤척이며 자세를 바꾸는 방식으로 간접적으로나마 거부 의사를 드러냈지만 피의자가 멈추지 않았다고 했다.

피해자는 사건 당일 저녁 친구에게 사건에 대해 털어놓으며 고민 상담을 하다가 친구도 같은 일을 겪었다는 사실을 알게 되었다고 했다. 친구에게는 피의자가 "지금 너한테 너무 중요한 시기고 내가 지금 너에게 방해만 될 것 같으니 관계는 하되 너 입시 끝나면…", "나도 너 사랑해. 진심으로 좋아하고 네 질문에 대답해 주고 싶은데 너 입시 끝나면 내가 대답해 줄게" 등의 말을 했다며 친구가 가스라이팅을 당하는 것 같다고 걱정했다. 친구의 권유로 산부인과 진료를 받고 학원에 신고가 이루어졌으며 피해 사실을 알게 된 피해자 부모가 경찰에도 신고하였다. 그런데 친구는 자신도 여러 차례 피의자에게 사랑한다는 표현을 했었고 성관계에 동의하는 내용을 보냈기 때문에 아무도 자기 말을 안 믿어줄 테고 입시도 걱정된다며 비밀로 해 달라고 부탁했단다.

피의자는 범행 전반에 대해 잘못을 인정했으나 강간은 인정할 수 없다고 했다. 함께 호텔에 투숙하게 된 상황, 객실 내에서 명시적 동의를 구하지 않은 점은 인정하나 피해자의 반응이 동의에 가까웠다는 태도였다. 오히려 차량 안 피해자의 행동을 보며 자신을 유혹한다고 생각했다며 피해자 탓을 했다. 피의자의 태도나 추가 피해자가 있는 상황을 미루어 보아 그루밍을 이용한 추가 범죄가 더 있다고 예상되는 사건이었다.

그루밍은 학대를 위한 환경을 준비하는 과정으로 정의하기도 한다. 가해자의 구체적인 목표에는 대상자에 대한 접근, 대상자의 순종, 비밀 유지 등이 포함된다. 가해자는 취약성이 있는 대상을 선정해 심리적으로나 물리적으로 고립시킨 뒤 성적 관계를 형성하고 통제를 유지하는 방식을 행한다. 이 때문에 통제당하고 있음을 알면서도 쉽게 주위에 알리지 못하고 관계를 지속하는 일이 발생한다. 그러나 어떠한 경우라도 피해 대상이 된 사실은 피해자 책임이 아님을 명확히 인식하고 주위에 도움을 요청할 수 있어야 한다. 또한 온라인 그루밍으로 심리적 통제를 시작하고 실제 만남을 실행하는 사례도 많다. 낯선 사람과 온라인 공간에서 대화를 나누고 사진을 주고받은 일이 부모나 수사기관 등 타인에게 알려질까 두려워 숨기려 하기보다는 경각심을 가지고 피해가 더 커지기 전에 도움을 받아야 한다.

청소년기는 정체감 확립을 위해 여러 가지 호기심이 생기는 시기이기도 해서 특히 주의를 요한다. 그러나 깊이 있게 생각하거나 미래에 벌어질 일에 대한 조망보다는 당장 눈앞에 벌어진 일을 해결해야겠다는 생각에, 또는 가해자가 하는 부탁이 일회성일 것이라는 기대로 현명하지 못한 결정을 내리기도 한다.

과외 선생이 동성 제자를 폭행

그루밍으로 시작하여 폭행, 살인으로 이어진 또 하나의 사례를 보자. 피의자는 고등학교에 교생 실습을 나갔다가 재학 중인 피해자를 만나 알게 되었다. 얼마 후 피해자가 학교를 자퇴하자 피의자는 피해자 부모의 동의를 얻어 피해자에게 과외 교습을 해 주겠다며 자취하던 자신의 주거지에서 간헐적으로 숙식을 하면서 함께했다. 피의자가 지역을 옮기며 과외를 지속한다는 명목으로 피해자와 함께 이사를 했고, 동거를 지속했다.

피의자는 피의자 주거지 내에서 피해자가 자신의 몸을 만지는 등 성폭행하려 했다는 이유로 끓는 보리차를 피해자에게 끼얹었고 머리 등 온몸에 화상을 입혔다. 그리고 방 안에 있던 골프채와 스키부츠로 피해자의 머리와 다리 등 온몸을 여러 번 때렸다. 피해자 머리 등에 찢어진 상처가 나도록 상해를 가했다. 피의자는 폭행으로 정신이 몽롱한 피해자를 병원으로 후송하지 않고 주거지 내에 방치했고, 피해자는 이틀 뒤 좌측 두부 타박상과 안면 우 하지 화상으로 사망에 이르렀다.

피의자는 대학을 정상 졸업한 상태였고 피해자와는 나이 차이가 여섯 살 있었다. 피의자가 주거지를 다른 지역으로 옮기는데도 피해자 부모가 피해자를 계속 부탁했을 때는 당시 피의자의 신체, 심리 상태가 정상이었음을 의미할 것이다. 그런데 이사한 지 6개월이 되기도 전에 피해자가 사망하고 말았다. 표면상 선생과 학생 사이였고 교습을 목적으로 한 동거였지만 과외 이외에도 피해자의 사생활 대부분에 피의자가 관여하고 있었다는 사실이 드러났다.

먹고 자는 시간, 텔레비전 시청 시간, 목욕 방법 등을 가르쳤다고 말했다. 피해자를 목욕시키기 위해 화장실 문고리를 뜯어내고, 심지어 피해자가 씻고 있을 때 안에 들어가 목욕을 시키는 등 필요 이상으로 통제를 했다. 이미 충분히 성장한 피해자를 두고 위생 관리가 안 됐다는 설명을

내 안의 악마를 꺼내지 마세요

하려 피의자가 늘어놓은 이야기다. 훈육을 핑계 삼은 체벌부터 폭력은 시작되었다. 체벌 도구는 옷걸이에서 골프채로 강해지고 빈도도 처음 다섯 차례 정도에서 사망 직전에는 이삼십 차례로 점점 증가했다. 피해자 신체에는 사망과 직접 관계가 없는 오래된 멍도 다수 보였다.

피의자는 성장기에 부모님의 돌봄을 별로 받지 못했고 오히려 자신이 어머니 역할을 수행했다고 말했으나 대학 다닐 때 가끔 한 아르바이트를 제외하고는 경제적인 부분을 포함한 생활 대부분을 부모에게 의지하고 있었다. 피해자 과외를 시작한 이후 별도의 경제활동은 하지 않았다. 범행 당시 피해자 부모에게 과외비 60만 원, 피의자의 부모에게 생활비 약 100만 원가량을 받아 생활했다고 말했다.

피의자는 범죄 행동이 성폭행을 방어하기 위한 수단이었다고 주장했으나, 범행 전 친구와 나눈 대화에서는 피해자와 성적 스킨십이 있음을 암시하는 내용이 발견되었고 피해자의 성폭행 시도를 신고할 마음은 없었다고 했다. 피해자가 입은 화상과 폭행의 정도가 사망에 이를 정도였음에도 고통을 헤아리거나 가슴 아파하는 태도는 피의자에게 관찰되지 않았다. 또한 면담 중 피의자 친구에게 피해자가 관심을 표현하기도 했다며 피해자의 행동에 문제가 있음을 지적하려고 했다. 그러나 피의자가 피해자의 행동에 질투심을 느낀 쪽이 아닌가 하는 생각이 들게 했다.

피해자 부모의 동의를 받기는 했으나 가족에게 보호를 받지 못하는 피해자를 이용한 것으로 보였으며 이사 후 이런저런 핑계로 피해자 부모에게 함께 거주하는 곳의 정확한 주소를 알리지 않았다. 또 피의자의 부모에게는 이사한 사실을 말하지 않고 계속 지방에서 지내고 있다며 생활비를 그대로 받았다. 피해자의 부모는 피의자의 주거지가 원룸 형태인 줄 몰랐으며, 과외를 목적으로 한 동거였으나 정작 학습을 제외한 다른 영역을 통제하고 있던 사실도 전혀 몰랐다고 했다.

피의자는 통제를 위해 피해자를 연고지로부터 멀리 데리고 갔다. 가족이나 친구와의 연락을 단절시키고 심지어 씻는 행위까지 지배하고 있었다. 처음에는 피해자를 대학에 보낸다는 명목으로 함께 생활하고 친절하게 대하며 학습을 위해 생활 전반에 통제가 필요하다고 설명했다. 혈기 왕성한 남학생을 성적으로 자극하고 착취했으며, 피해자가 접촉을 시도하면 벌레 보듯 경멸하고 폭행하며 통제한 상황으로 보였다. 교사 대 학생도 아니고 연인도 아닌 애매한 관계를 유지하며 피해자의 자존감은 바닥이 나고 죄책감에 시달리다 결국 사망까지 다다르지 않았나 하는 생각에 가슴 아팠다. 그루밍에서 시작하여 가스라이팅의 단계까지 진행되었다고 판단한 사건이다.

빠져나오기 힘든 그루밍과 데이트폭력의 굴레

가해자는 처음에는 피해자에게 헌신하는 모습을 보이다가 피해자가 어느 정도 자신에게 마음을 주었다는 생각이 들면 폭력적인 모습을 드러

내 안의 악마를 꺼내지 마세요

낸다. 이때부터 피해자를 심리적, 신체적으로 구속하고 괴롭히기 시작한다. 심리적 지배는 그루밍으로 시작해서 가스라이팅을 하는 단계로 진행된다. 결국 초기에는 무조건 잘해 주고 호의를 베풀다가 마음을 얻은 후에는 비난하고 조종하고 고립시켜 자신에게만 의존하도록 만든다.

그루밍을 바탕으로 한 폭력의 대부분은 힘의 불균형에서 발생하지만 여기서 말하는 힘이 반드시 물리적인 것만을 의미하지는 않는다. 교사와 학생처럼 지위가 존재할 때는 물리적인 힘을 넘어서는 보이지 않는 힘이 작용하기 때문이다. 약자를 보호하지는 못할망정 자신의 비뚤어진 욕구를 충족시키기 위한 수단으로 이용하는 가해자를 이해하기 싫어진다.

데이트폭력이라고 불리는 교제 폭력 피해자에게서는 매 맞는 여성 증후군[8]의 특성이 나타나기도 한다. 매 맞는 여성 증후군은 가정폭력 등 상습적인 폭력에 노출된 여성의 증상을 묘사하기 위해 미국의 심리학자인 레노어 워커Lenore Walker 교수가 1979년 제시한 개념이다. 피해자가 폭력을 당하면서도 가해자를 떠나지 않고 계속 관계를 유지하는 이유를 이해하는 데 많은 도움을 주고 있으며, 그 대상을 '여성'에 한정하지는 않고 폭행 피해자에게 적용 가능한 개념이다.

데이트폭력이나 가정폭력 같은 상습 폭력에 노출된 피해자는 '긴장

---

8 여성가족부, 〈데이트폭력·스토킹 피해자 지원을 위한 안내서〉, 7~9쪽, 2018.

고조 → 구타 → 화해'의 반복되는 폭력의 굴레에서 벗어나지 못하고, 가해자와 관계를 계속 유지하는 무기력한 모습을 보일 수 있다. 반복되는 구타와 폭력에 대한 두려움으로 피해자는 심리적 스트레스, 자존감 하락, 학습된 무기력을 경험한다. 학습된 무기력이란 데이트폭력 피해자에게 동기적 결함, 인지적 결함, 정서적 결함이 순환하며 발생하고, 그 결과 폭력을 경험하고도 관계를 끝내기 어려워하는 상태에 빠지는 것[9]을 말한다. 이러한 폭력 피해자는 외상 후 스트레스 장애PTSD와 유사한 증상, 즉 트라우마의 재경험, 침습적 회상(갑자기 떠오름), 광범위한 불안, 낮은 자존감 등의 증상을 보이는 사례가 많다.[10]

그루밍 범죄, 데이트폭력의 고리를 끊어 버리기 위해서는 이러한 범죄의 양상과 진행이 어떻게 되는지 아는 일이 중요하다. 나는 절대로 그런 범죄의 피해 대상이 되지 않을 것이라 확신하지 말고 만약 애매한 상황으로 고민하는 순간이 온다면 계획을 세워 과감히 관계를 정리해야 한다. 신중한 판단이 필요하지만 신체적 폭력, 심리적 괴롭힘 상황을 영상으로 남기거나 확보 가능한 증거를 모아두는 일도 한 방법이다. 혼자서 실행하기 어렵다면 자신을 지지해 줄 주변 사람의 도움을 받아도 좋

9 강효진, 〈폭력적인 데이트 관계의 지속에 영향을 미치는 변인: 피해 여성을 중심으로〉, 9쪽, 2009.

10 Douglas, M.A., 〈Domestic violence on trial: Psychological and legal dimensions of family violence〉, Springer Pub Co, 40쪽, 1987.

내 안의 악마를 꺼내지 마세요

다. 창피하다는 생각은 집어치우자. 다시 한 번 강조하지만 내가 문제가 있어 피해 대상이 된 것은 절대 아니다. 여기에서 실제 사례를 소개하는 이유는 범죄나 사건을 아는 사람에게 힘이 생기기 때문이다.

심리적으로 취약한 상태에 있을 때 그루밍 범죄나 데이트폭력에 노출될 가능성이 있다. 이럴 때 새로운 사람을 만나고 특히 주위를 차단한 관계를 만드는 행동은 위험하다는 사실을 기억하자. 교제 중 상대가 신체적 폭력을 가하거나 위협적인 행동을 하면 경고등에 불이 켜졌음을 인식하자. 직접 폭력을 행사하지 않아도 성적 행동을 강요하거나 반복해서 무력감을 느끼게 한다면 정서적 폭력에 노출되었음을 감지해야 한다. 폭력은 신체적, 성적, 정서적, 경제적 폭력 등 다양한 형태로 일어날 수 있다.

폭력 앞에서는 순응이나 인내, 침묵은 필요 없다. 명확한 의사 표현은 나를 함부로 하면 안 된다는 인식을 상대방에게도 전달되게 할 수 있다. 그루밍 범죄나 데이트폭력은 조금 더 취약한 대상이 있을 수는 있으나 성별이나 연령과 상관없이 모든 사람이 당할 수 있는 폭력이다. 그러니 감지한 순간 탈출 계획을 세우고 도움을 요청하는 행동이 필요하다. 또 상담을 받는 방법도 자신의 정신 건강 회복을 위해 좋은 선택이다.

잘못된 인연 끊어 내기 #3
―스토킹

한 남성이 헤어진 전 연인을 지속적으로 스토킹했는데, 이를 피해자가 여러 차례 신고하자 앙심을 품고 살해한 사건이 2021년에 발생했다. 그 다음해에는 입사 동기를 스토킹한 혐의로 재판을 받던 피고인이 피해자를 살해하는 사건이 일어났다. 이렇게 스토킹이 강력 범죄로 이어지는 사건이 연속해서 발생하면서 스토킹 범죄가 사회적 문제로 대두되었다.

스토킹stalking은 상대가 싫어하거나 인정하지 않는 행동을 지속적으로 반복해 두려움이나 불안을 느끼도록 하는 여러 형태의 행위를 일컫는다. 스톡stalk이라는 단어는 '먹잇감을 쫓거나 몰래 따라다니는 행위'라는 두 가지 의미를 지니고 있다.

국내에 스토킹 처벌에 대한 법률이 생기기 전에는 '경범죄처벌법'으로 스토킹 범죄를 처벌했다. 스토킹을 포함한 '지속적 괴롭힘'이라는 표현에는 공통적으로 '상대방의 의사와는 상관없는 일방적인 행동', '공포

내 안의 악마를 꺼내지 마세요

감, 두려움, 불쾌감을 주는 행동', '피해자를 포함한 가족과 지인들에게도 피해를 주는 행동', '일회성이 아닌 반복적인 행동' 등의 내용을 담고 있었다. 이후 2021년 '스토킹 범죄의 처벌 등에 관한 법률(이하 스토킹처벌법)'이 제정, 시행되면서 '스토킹은 정당한 이유 없이 상대의 의사에 반하여 상대방이나 그 가족 등에 대해 접근하거나 진로를 막아서고 기다리거나 지켜보는 등의 행위로 상대로 하여금 불안이나 공포를 유발하는 것'이라 명시하고 있다. 현 형법은 스토킹 행위와 스토킹 범죄로 구분해 조치를 취한다. 응급조치와 긴급응급조치는 스토킹 행위에 대한 것이고, 잠정조치는 스토킹 범죄에 대한 대응이다.

이를 좀 더 구체적으로 살펴보자. 스토킹처벌법 제2조(정의)에 의하면 '스토킹 행위'란 상대방의 의사에 반하여 정당한 이유 없이 상대방 또는 그의 동거인, 가족에 대하여 ①접근하거나 따라다니거나 진로를 막아서는 행위, ②주거, 직장, 학교, 그 밖에 일상적으로 생활하는 장소 또는 그 부근에서 기다리거나 지켜보는 행위, ③우편, 전화, 팩스 또는 정보통신망을 이용하여 물건이나 글·말·부호·음향·그림·영상·화상을 도달하게 하는 행위, ④직접 또는 제3자를 통하여 물건 등을 도달하게 하거나 주거 등 또는 그 부근에 물건 등을 두는 행위, ⑤주거 등 또는 그 부근에 놓여 있는 물건 등을 훼손하는 행위를 하여 상대방에게 불안감 또는 공포심을 일으키는 것을 말한다. 그리고 '스토킹 범죄'란 지속적 또는 반복적으로 스토킹 행위를 하는 것을 말한다.

스토킹처벌법에 명시되어 있는 행위나 범죄는 강력 범죄로 이어지는 일까지 예견해 놓진 않았지만 현실에서는 스토킹이 살인으로 발전하는 경우가 종종 있다. 피해자뿐만 아니라 가족까지 위험해질 수 있기에 더욱 심각하다. 스토킹 범죄로 판단될 경우 잠정조치를 할 수 있지만 초반에는 이를 지키는 듯 피해자 주변에 나타나지 않다가 잠정조치 기간이 끝나기 전 안심하고 있는 피해자에게 나타나 위해를 가하는 일이 벌어지고는 한다.

잠정조치란 피해자의 주거로부터 100미터 이내 접근금지, 피해자의 휴대전화 또는 이메일 주소로 유선, 무선, 광선 및 기타의 전자적 방식에 대하여 부호, 문언, 음향 또는 영상을 송신하지 말 것을 명령하는 조치이다. 긴급응급조치는 신고 시 스토킹 범죄로 발전할 우려가 있고 예방을 위해 긴급한 경우 경찰이 긴급으로 조치하고 사후 지방법원에 신청하는 것으로 100미터 이내 접근금지, 전기통신을 이용한 접근금지 등의 내용을 담고 있다.

잠정조치 기간 중 스토킹 살인

피의자와 피해자는 테니스 동호회에서 처음 알게 되었다. 이후 피의자가 피해자의 직장으로 이직을 하면서 팀장과 부하직원으로 관계가 계속되었으며 약 1년 정도 교제를 하다가 사건 3개월 전에 헤어진 사이였다.

내 안의 악마를 꺼내지 마세요

피해자 어머니의 진술에 의하면 교제 중 점점 심해진 피의자의 집착이 이별 이유였다.

헤어진 뒤에도 피의자가 새벽마다 피해자 집 앞에서 기다리고 있다가 폭행을 하여 112에 신고하기도 했다. 그 이후에도 스토킹 행위를 지속해 현행범으로 체포된 이력도 있다고 하였다. 스토킹으로 신고를 하여 경찰 조사를 받고 법원으로부터 긴급응급조치, 잠정조치가 결정되었는데 기간이 끝나지 않은 상태에서 피의자가 피해자 아파트에 몰래 숨어 있다가 사건을 벌였다.

스토킹 신고로 조사를 받은 피의자는 이별 통보에 대한 배신감을 느꼈고, 피해자가 직장에서 투명인간처럼 취급하는 등 자신을 무시한다고 생각하게 되었다고 했다. 그래서 피해자를 찾아갔는데도 같은 태도로 무시하면 살해하기로 결심하였다고 진술했다.

인터넷으로 회칼을 주문해 집으로 배송을 받았고 자신의 승용차에 소지하고 다녔다. 피해자를 살해할지, 피해자가 용서를 구하면 용서해 줄지 내적 갈등을 하며 범행일 이전 서너 차례가량 잠정조치를 어기고 피해자 주거지에 찾아가 피해자 동향을 살펴보았다. 그리고 사건 당일 피해자를 살해했다.

목격자인 피해자 어머니는 출근하던 피해자가 현관을 나간 뒤 밖에서 "살려 달라"는 비명이 들려 급히 뛰어나갔다. 피해자는 엘리베이터 앞 복도 바닥에 누워 있고 피의자가 그 위에서 무릎으로 짓누르며 오른

손에 회칼을 들고 피해자를 찌를 듯이 위협하고 있었다. 이 모습을 어머니가 목격했다. 피해자가 "잘못했다. 살려달라"고 하는 말을 들었다고도 했다.

현장 CCTV 확인 결과 범행 전 새벽 시간에 피의자가 아파트 계단으로 올라가는 장면이 찍혔다. 112 신고를 받고 현장 출동한 경찰관들이 엘리베이터를 타고 6층에 도착해 문이 열리자 복도 바닥에 피를 흘리고 쓰러져 있는 피해자와 피의자 모습이 엘리베이터 CCTV에 담겼다. 피해자는 병원으로 후송되었으나 안타깝게도 병원 도착 전 이미 사망하였다.

모든 스토킹 범죄가 살인으로 연결되지는 않지만 최악의 경우 생명을 빼앗는 중대한 범죄로 이어질 수 있다는 사실을 보여준 사건이다. 스토킹 신고 이후 피해자는 스마트워치를 지급 받아 소지하고 있었으나 사건 발생 직전까지 피의자에게 연락이 없자 연장을 거부하고 반납한 상태였다. 주거지에 반복해서 찾아오는 등 신변에 위협을 느꼈지만 가족과 함께 거주하고 있던 피해자가 거주지를 옮기는 등의 조치를 취하기에는 여러 가지 상황이 어려웠다. 지능형 CCTV, 민간 경호 등을 안내했으나 피해자는 그 정도의 심각성은 없다고 판단했었다.

피의자는 면담 시 비교적 조용하고 침착하며 차분한 태도로 임했고 심리검사도 성실하게 응답했다. 겉으로는 끔찍한 일을 저지른 사람으로 보이지 않았다. 다만 피해자의 사망 사실을 알고 있으면서도 미안함이나 안타까운 감정을 전혀 드러내지 않는 점은 좀 의아하게 느껴졌다. 피

내 안의 악마를 꺼내지 마세요

해자가 그동안 자신에게 서운하게 했던 여러 행동을 여과 없이 설명하면서도 감정을 드러내지는 않았다. 그러나 범행 계획부터 실행까지 한 달이라는 시간 동안 겪었던 복잡한 생각과 갈등을 회상할 때 유일하게 눈물을 보였다. 싸움의 발달, 이별의 원인이 모두 사소한 일들이라며 허무하다는 표현을 했고, 화를 참지 못한 부분을 후회하기도 했다.

피해자 살해 후 자신도 자살할 생각이었다고 피의자는 말했고, 범행 직후 자살을 시도하긴 했으나 상처는 경미했고 심리검사나 면담 내용 중 자살 사고가 관찰되지 않았다. 면담 시까지도 피의자는 죄책감이나 피해자를 향한 미안함보다는 피해자 사망 직전 사과를 받아 낸 후련함이 더 커 보였다. 피의자와 피해자 모두 젊은 나이였고 두 사람의 이별에 따른 피해가 지금의 상황보다 심각한 것은 아니었지만, 피의자는 피해자에게 자신이 받은 모욕감을 되돌려 주어야겠다는 생각에 사로잡혀 그 외에는 아무것도 보이지 않았던 것 같았다.

피해자가 할 수 있는 일

가끔 강의를 진행하다 보면 범죄자를 피할 수 있는 방법, 다시 말해 피해를 당하지 않기 위한 방법이나 예방법을 알려 달라는 질문을 받기도 하는데 딱히 해 줄 수 있는 말이 없어서 곤혹스러울 때가 많다. 그래서 최근 위험성 평가 도구와 관련된 교육을 받으면서 기회가 된다면 소개해야겠다는 생각이 들었다. 전체는 기본 요인, 가해자 요인, 피해자 요인 각 열 개씩 서른 개의 요인으로 되어 있지만 여기에서는 피해자 요인만 다루어 보려고 한다.

사실 순간적 감정을 다스리지 못하고 범행에 이르는 것은 피의자와 관련된 문제이고 피해자 요인이 있다고 판단하지는 않는다. 앞서도 설명했지만 그 어떤 경우에도 피해자에게 원인을 돌릴 수는 없다. 그러나 누구나 피해에 노출될 위험이 있고 피해자가 할 수 있는 일을 평소 생각해 두면 혹시라도 비슷한 상황에 처했을 때 분명 도움이 될 것이다.

이런 차원에서 스토킹 평가 관리 가이드라인 평가지Forecasting Stalking Recidivism Using the Guidelines for Stalking Assessment and Management: SAM[11]에서 다루는 피해자 취약성 요인을 살펴보려고 한다. 취약성 요인 중에는 우리가 실현 가능한 부분도 있고 쉽게 적용하기 어려운 부분도 있다. 그러나 어떤 요인들이 위험성을 높이는지 참고할 수는 있다.

첫 번째로는 가해자에 대한 일관되지 않은 행동이다. 가해자의 스토킹 행동 또는 가해자로 인해 발생하는 위험성에 대하여 피해자가 불명확하고 부정확하게 반응함으로써 기인하는 심각한 문제이다.

---

11 Coupland, S.H. Kropp, P.R. Hart, S.D. Storey, J.E. Assessment, 「Forecasting Stalking Recidivism Using the Guidelines for Stalking Assessment and Management」, 〈Assessment〉, 30(4), 1168~1181, 2023.

내 안의 악마를 꺼내지 마세요

두 번째, 가해자를 향한 비일관적 태도이다. 가해자 또는 가해자의 스토킹으로 인해 발생하는 위험을 최소화하거나 적절한 반응에 대한 양가감정에 기인하는 심각한 문제이다. 때때로 스토킹의 심각성을 과장하고 있지는 않은지 걱정하고, 어떤 때는 스토킹을 자신의 탓으로 돌리고, 스토킹을 당장 그만두기를 원하지만 언젠가는 화해할 것이라 믿으며, 경찰에 신고하면 스토킹이 더 심해질 것이라고 걱정하고, 직장동료가 자신을 스토킹하는 사안을 상사에게 이야기하기 난처해하는 태도가 상황을 더욱 심각하게 만들 수 있다는 뜻이다.

두 가지가 비슷하다고 느낄 수 있어 비교해 설명하면 이렇다. 첫 번째 요인인 '비일관적 행동'이란 가해자에게 단호하게 행동하지 못하며 전화하지 말라고 말하지 못하는 것, 애매한 메시지를 전달하거나 만남을 거부하다가도 먼저 접촉을 시도하는 행동 등 외부에서 보여지는 모습을 예로 들 수 있다. 두 번째 요인인 '비일관적 태도'는 피해자 스스로가 스토킹의 심각성을 과장하고 있지는 않은지 걱정하고 때때로 자신의 탓으로 돌리는 등 위험하다는 사실을 최소화하거나 부인하려고 하는 내적 요인을 말한다. 사실 이 부분은 스토킹 때문이 아니더라도 누구나 한 번쯤 고민해 본 생각일지 모른다. 단호하지 못한 행동이나 태도는 여러 상황에서 문제를 일으킬 수 있음을 알아야 한다.

다음 세 번째 요인은 자원에 대한 접근성 부족이다. 피해자의 안전, 보안 강화 서비스에 대한 접근성, 적절성, 가용성에서 발생하는 심각한 문제인데 사회적, 법적 서비스, 변호와 의료 서비스, 보호소 등의 자원에 접근할 수 있는 지식, 능력 또는 동기가 부족한 경우 피해에 더 취약할 수 있다는 의미다. 피해자는 법률, 법적 권리, 법적 제재, 기타 다른 자원을 알지 못하거나 이러한 자원을 사용하는 일을 꺼릴 수 있다. 그러나 논리적으로 생각했을 때 적절한 자원을 사용할 수 없다면 피해자 안전 계획은 무용지물이 될 수 있다.

네 번째, 안전하지 않은 생활환경이다. 거주지나 직장을 옮기는 것은 쉽게 결정할 수 있는 일이 아니지만 일상 활동의 안전과 보안이 확보되지 못하면 위험이 커질 수 있음을 지적하는 내용이다. 대중교통이나 외딴 길로 출퇴근하는 일, 공인이라면 업무상 이동 계획이나 여행 계획이 잘 알려지는 일도 문제가 될 수 있다고 지적한다. 개명, 전화번호나 주소 바꾸기, 이동 습관 바꾸기, 문자 메시지를 선별하거나 자신의 현 상황을 동료에게 알리는 노력이 필요하다고도 제안한다.

다섯 번째는 부양가족을 돌보는 일과 관련된 문제이다. 부양을 혼자 감당하거나 혹은 다른 사람과 함께 공유하는 피해자의 안전과 복지를 제공하는 데서 발생하는 심각한 문제이다. 가족을 죽이고 자살하겠다는 협박, 자녀 관련 우려, 양육과 접근에 대한 우려, 노인이나 장애인 등 피부양자의 상황으로 거주지를 변경하기 어려울 수도 있다. 또 경찰 신고 등의 법적 조치를 하면 피부양자가 납치되거나 폭력의 위험에 처할 수 있다고 생각하게 된다는 뜻이다. 가해자는 피해자의 자녀에게 위해를 끼치거나 일방적으로 자녀를 데려가거나 더 이상 양육비를 지급하지 않겠다고 협박할 수도 있다.

여섯 번째, 성애적 대인관계이다. 친밀한 관계를 형성하거나 유지하는 데 존재하는 심각한 문제다. 친밀한 관계란 적절한 연령의 사람과 맺는 로맨틱하며 성적인 관계를 의미한다. 상대방이 이성인지 동성인지는 상관이 없으며 관계의 법적 상태 역시 문제가 되지 않는다. 사회적 무능력, 사회적 고립, 관계 상실, 친밀한 관계에서의 실패, 친밀한 관계의 손상 또는 갈등, 안정적이고 지지적인 친밀한 관계의 부재는 위험성 관리와 안전 계획에 대한 피해자의 의사 결정에 영향을 미칠 수 있다.

일곱 번째는 이외의 대인관계 문제이다. 로맨틱하지 않으면서 성적인 기대를 가지지 않는 관계를 의미한다. 사회적 스킬이 부족하거나, 다른 사람과의 접촉이 거의 없고 다른 사람과의 관계에서 갈등이 있는 경우이다. 친구를 많이 사귀더라도 애정에 너무 굶주려 있거나 애정을 너무 요구하기 때문에 관계의 문제가 있고 부모 형제와 끊임없이 다툼이 있는 상태를 말한다. 부정적인 영향을 미치는 사람들과 관계를 형성하며 가족들은 스토킹이 과거 행동에 대한 정당한 대가라고 믿는 경우 등이 이에 해당한다.

여덟 번째는 정서적 고통이다. 불안, 우울 등 부정적 정서와 관련 있는 심각한 문제이다. 극심한 스트레스를 주는 생활 사건 또는 일상적 스트레스에 대한 부적절한 대처 때문에 나타날 수 있다. 스스로 대처 능력이 부족하고 대처가 불가능하다고 느끼며, 미래에 대한 중요한 결정을 하는 일이 불가능하다고 생각한다. 불안·우울·절망, 자포자기, 무망감, 자살 생각, 외상 후 스트레스를 경험하고 있다면 대처하기가 어려워진다는 뜻이다.

아홉 번째는 물질 사용 문제이다. 이 취약성 요인은 불법 약물 사용이나 합법적 약물(알코올, 처방받은 약 등)의 오용으로 인해 신체적, 사회적 기능에 생긴 심각한 문제이다. 스토킹 피해자 일부는 알코올, 불법 마약, 처방받은 약물의 남용이나 사용으로 인한 문제를 가지고 있을 수 있다. 당장의 괴로움을 잊기 위해 선택한 방법일 수 있으나 결국 물질 오용 문제는 보통 사회적, 직업적, 인지적(의사 결정) 기능의 손상을 유발한다. 피해자가 절망감이나, 스스로 취약하다는 느낌을 점점 더 받을 수 있다. 이로 인해 자기 보호 행동을 하는 데 필요한 능력, 에너지를 저해하며 자기방어에 대한 동기부여를 방해할 수 있다. 피해자가 약물을 제공하는 가해자에게 의존하거나, 중독 때문에 가해자에게 먼저 접근하게 된다면 피해자는 더 큰 위험에 처할 수 있다. 많은 스토킹 피해자에게 이와 유사한 위험성이 존재한다.

마지막으로 열 번째는 경제적 문제이다. 안정적인 고용 상태를 유지하거나 성립하기가 어렵고, 그래서 경제적 자급자족을 할 수 없는 심각한 문제이다. 취업에 어려움이 있거나 직업 유지에 어려움이 있고, 자급자족을 할 수 있을 만큼 돈이 없어 의존할 수밖에 없는 상태라면 피해 상황을 인지하면서도 벗어날 수 없기 때문이다.

피해자 취약성 요인으로 제시된 열 가지 중에는 대인관계 습관을 수정하거나 누군가에게 의존하지 않는 생활방식만으로도 취약한 상황을 벗어날 수 있는 요인이 여럿 들어 있다. 그리고 거주지나 직장을 옮기는 등 혼자만의 결정으로 변화시킬 수 없는 요인도 있다. 그러나 전문 기관과 상담하고 일시적이라도 변경이 필요하다고 판단된다면 고려해 보아야 하는 요인이기는 하다.

스토킹 범죄는 일정 기간 이어지며 다양한 범죄와 결합하는 경향이 있어 여러 법률이 복합적으로 적용된다. 그러니 나는 어떻게 대처하고 있는지 점검해 보고, 도움을 받을 수 있는 방법에 대해 숙지하고, 정서적으로나 경제적으로 독립할 수 있도록 노력하고, 스트레스 상황에서도 긍정적인 선택을 하는 습관을 들이는 일이 위기 상황에 처했을 때 우리가 스스로를 구할 수 있는 방법임을 잘 알고 있어야 되겠다. 좋은 선택은 늘 나에게도 상대방에도 도움이 되는 선택이어야 한다. 일방이 희생하는 선택, 일방을 희생시키는 선택은 언제나 불편하고 건강하지 못한 선택임을 기억하자.

이미 이 글의 시작 부분에서 언급하긴 했으나 피해자 요인을 길게 설명하다 보니 혹 피해자 요인으로 인해 스토킹이 발생한다고 오해할 수 있지 않을까 노파심이 생긴다. 다시 한 번 강조하지만 여기에서 피해자 요인만을 다루는 이유는 나 또는 가족이 비슷한 상황에 처했을 때 스스로 할 수 있는 일을 생각해 보기 위함이다. 두 말할 필요도 없이 가해자 요인이 결정적이고, 어떠한 경우에도 피해를 당하지 않도록 안전한 사회 시스템을 구축하는 게 우선되어야 한다.

그러나 상대방을 변화시킬 수 있다는 믿음은 신화와도 같다. 바꿀 수 있는 것은 오로지 '나' 뿐이다. 바뀐 나로 인해 상대방이 변화를 일으킬 가능성도 있지만 시작부터 상대방을 바꿀 수 있다고, 시간이 지나면 자연스럽게 변화하리라는 믿음은 어리석은 일이다. 위험 요인이 있다고 생각된다면, 그것을 알아차린 사람이 바꾸는 게 맞다. 그게 스스로를 보호하는 유일한 방법이라고 생각하는 편이 좋다.

잘못된 인연 끊어 내기 #4
─사이비 종교

사이비 종교는 글자 그대로 겉으로는 얼핏 정상적인 종교로 보이지만 본질은 종교가 아닌 것을 일컫는 말이다. 가족이나 친하게 지내는 친구나 이웃이 사이비 종교에 빠졌거나, 그들 때문에 해당 종교기관을 방문해 본 사람도 있을 것이다. 어쩌면 자신도 모르게 사이비 종교의 유혹에 노출되었던 경험이 있을 수 있고, 그들만의 포교 방식으로 언제든지 우리에게 접근해 올 가능성도 있다. 생각보다 우리 사회 깊숙이 침투해 있어, 절대로 나와는 관련 없는 일이라고 장담할 수 없다.

우리나라는 '하나의 독특한 종교적 실험실'이라고 불릴 만큼 다양한 종교가 공존하고 있는 종교 다원주의적 사회다.[12] 현재 우리나라에는 자생 종교와 외래 종교를 포함하여 모두 927개의 교단과 종단이 존재하며

---

[12] 윤철홍, 「종교단체의 법인화」, 〈비교사법〉, 15(4), 2008.

전체 인구 가운데 43.9퍼센트가 종교를 가지고 있다고 한다.[13] 사이비 종교의 정확한 통계를 확인할 수는 없으나 인구 대비 어느 나라에도 뒤지지 않을 만큼 여러 종류, 많은 숫자일 것이라고 예상한다. 사이비 종교는 개신교, 천주교, 불교, 이슬람교 등 모든 종교를 대상으로 하고 기존 종교에서 떨어져 나온 경우가 많다. 하나의 종교에서 파생되고 또 파생되는 등 신생 사이비 종교가 만들어지고 포교와 생존 전략도 매우 유사하다고 알려져 있다. 겉으로는 그 모체인 종교와 비슷해 보이지만, 실제로는 모태 종교의 교리를 위반하고 신도들을 착취하며 사회에 악영향을 끼치는 형태로, 종교 아닌 종교이고 반사회적 범죄 집단이다. 가정을 파괴하는 것은 물론 강간, 금품 갈취, 사기 등의 강력 범죄를 일으키며 사회의 안녕과 질서를 파괴한다.

그럼에도 불구하고 사람들이 사이비 종교에 심취하게 되는 이유는 그들의 포교 방식 때문이기도 하다. 처음에는 봉사활동과 같은 긍정적 활동으로 신뢰를 쌓고 대학 같은 평범한 공간에서 동아리 활동 형태로 침투하며 연예인 같은 친숙한 사람들을 내세워 포교 활동을 한다. 그러니 마음먹고 방어하기가 쉽지 않고 자신도 모르게 서서히 빠져들게 되는 것이다. 사이비 종교 범죄 조직의 교주나 범죄자는 자기가 하나님이나 예수님, 부처님이라고 주장하거나 자신을 신격화하여 피해자를 속이고

---

13 문화체육관광부, 〈2018년 한국의 종교 현황〉, 2018.

내 안의 악마를 꺼내지 마세요

종교라는 이름으로 약탈과 착취를 일삼는다.

원인을 어떤 관점에서 접근하느냐에 따라 달리 해석할 수 있겠지만 인간의 본성과 심리학적 관점에서 보면 우리 사회의 극한 경쟁과 여유의 부재, 성공과 목표만을 중요하게 여기는 사회 분위기가 원인 중 하나일 수도 있다. 삶의 여유를 찾기보다는 성공 지향으로 치닫는 사회 속에서 서로를 의심하고 경쟁자로 생각하며, 인정하고 다독여 주기보다는 공격하고 깎아내리려다가 스스로 지치는 상황이 만들어진다. 스스로 단단해질 틈도 없이 실패를 맛보게 되고 방황하고 누군가에게 나의 힘듦을 털어놓고 싶지만 누구도 귀 기울여 주지 않는 현실과 만나게 된다. 이 틈을 파고드는 것이 사이비 종교의 속성 중 하나다.

약한 곳을 조용히 파고드는 사이비 종교

모든 인간은 기본적인 욕구를 가지고 있다. 이견이 있기는 하지만 어딘가에 소속되고 싶고 그 안에서 소속감을 느끼며 함께 생활하고 사랑받고 싶은 욕구는 누구나 가지고 있는 것 같다. 경제적으로 너무 궁핍하지 않고 기본적인 의식주 해결에 큰 어려움이 없기를 바라기도 하고, 어느 정도의 힘을 가지고 성취도 이루고 싶고 자유롭고 즐겁게 살기는 바라는 마음도 있다. 그런데 이런 욕구는 좌절되고, 역할만 강요당하고 권리는 보장되지 않는 일이 반복될 때, 때로 삶이 공허하고 허무하다고 느낄 때 이 모두를 대신 해결해 줄 무언가를 찾다가 만나는 것이 종교일지도 모른다는 생각이 든다. 본래 종교는 힘들고 지친 사람을 심리적으로 평안하게 해 주며, 에너지를 충전하도록 돕는 역할을 하곤 한다.

그러니 겉으로는 씩씩해 보여도 힘든 부분이 있는 우리에게 힘이 되어 주는 척 신뢰를 쌓은 후 접근하면, 누구라도 사이비 종교에 빠져들 가능성이 생긴다. 인정받고 보살핌을 받고 싶은 마음은 인간의 기본 욕구인데 이 부분을 공략하니 누구라도 당해낼 재간이 없다. 더군다나 어디에도 소속되지 못하고 혼자라고 느껴지는 순간 특정 집단에 소속됨으로써 느끼는 안정감은 사이비 종교가 곧 안식처라는 비합리적 선택을 하도록 우리를 조종할 수 있다.

이러한 이유 때문에 사이비 종교 범죄를 다루다 보면 앞서 다루었던 가스라이팅이나 그루밍의 특성이 그대로 나타나 피해를 당했음에도 피해 사실을 증언하기보다 오히려 교주나 범죄자를 두둔하는 모습을 흔히 볼 수 있다. 끊임없는 세뇌로 인지부조화가 일어나고 이를 기반으로 범죄를 저지르고 개인이 속한 가정도 파괴하며 가족관계도 스스로 해체하는 상태에 이르게 된다. 개인이 가지고 있는 기본적인 욕구와 미래에 대한 불확실성으로 생기는 불안과 두려움이 자극되어 자신도 헤어 나오지 못하고 다른 사람도 끌어들이는 악순환이 계속된다.

사이비 종교 자체가 수면으로 떠올라 강간, 금품 갈취 등의 문제가 드러날 때는 이미 많은 피해자가 발생하고 난 다음이다. 또 가족이나 지인

내 안의 악마를 꺼내지 마세요

같은 개인이 사이비 종교로 인해 가정이나 직장, 대인관계에 문제를 일으키는 일을 막기 위해 노력하다가 범행과 연결되는 사례도 있다.

사이비 종교와 가정 해체

피의자는 피해자와 결혼한 후 20년 넘게 결혼 생활을 유지하고 있었으며 슬하에 1남 2녀를 둔 피해자의 남편이었다. 그런데 피해자가 사이비 종교에 빠져 가정생활에 문제가 생기자 더 이상 종교 활동을 하지 말라고 권했다. 그러나 사이비 종교가 가지는 힘이 남편의 부탁을 뛰어넘었고 그대로 방치하면 안 되겠다는 생각으로 피해자의 성경책과 휴대폰을 손괴하고 미리 준비한 바리캉으로 피해자의 머리를 삭발하는 등 폭행했다. 쇠사슬로 피해자의 오른쪽 발목과 자신의 왼쪽 발목을 연결하고 늘 함께 있을 것을 강요했다. 그러던 중 피의자가 휴대폰을 두고 자리를 비운 사이 112에 신고하여 다행히 구조되었다.

피의자는 감금, 재물 손괴, 폭행으로 재판을 받게 되었고 피해자는 오랫동안 함께 살아온 남편과 가족보다는 교주의 말을 더 신뢰하고 있어 긍정적인 판결을 기대하기 어려웠다. 물론 그동안의 결혼 생활이 어땠는지 피의자의 말만으로 다 예측하기 어렵다. 그러나 마음을 둘 곳 없었던 피해자의 심리를 이용해 가족을 등지고 교주에게만 집착하며 재산을 탕진하고 가정을 해체하도록 만든 사이비 종교가 원망스럽긴 했다.

물론 이 사건의 경우에도 피의자를 두둔하려고 하는 것은 아니다. 앞에서 설명했듯 고민과 갈등, 공허함을 느끼는 개인이 사이비 종교와 연결되었을 가능성이 있고 그렇다면 피해자의 곁에서 가장 큰 위로가 되어주어야 할 사람은 피의자였을 것이다. 잘못된 신념이더라도 한두 번의 부탁이나 경고로 쉽게 나올 수 있었다면 처음부터 시작조차 되지 않았을 일인지 모른다. 피의자는 어쩔 수 없는 선택이었다고 변명할 테고 법원은 피해자에게도 책임이 있음을 이유로 경한 처분을 내릴지도 모른다. 그러나 내면은 들여다보지 않고 폭력으로 해결하려는 피의자를 두둔하기는 어렵다.

진화하는 사이비 종교에 현혹되지 않기 위해

사이비 종교가 많아지는 현상은 사회가 비정상화 단계로 가고 있음을 의미할 수도 있다. 사이비 종교는 보통 강간, 금품 강요와 갈취, 사기죄 등의 범죄와 밀접한 관련이 있다. 사이비 종교는 사회에서 건전하게 받아들여지는 가치관이나 개인의 가치관보다 그들이 추구하는 가치관을 위에 두라고 강요한다. 원하는 모든 것을 이룰 수 있게 해 준다며 악마의 속삭임을 건넨다.

사람들 중에는 이상적인 자아상을 정해 놓고 그것을 자기라고 믿고 싶어 하는 이들이 있다. 이렇게 살다 보면 현실과 자주 충돌하게 되고 더 높은 이상적 자아상을 설정하면 할수록 현실에서 경험하게 되는 실제 자신의 모습과의 괴리감은 더욱 크게 느껴진다. 그 간극만큼 심리적 갈등의 수위도 한층 높아지게 된다. 결국 이상과 현실의 자아 사이의 분열로 갈등, 불안, 두려움, 죄책감, 무능력감, 무기력, 조바심, 시기, 질투, 분노, 증오, 원망 등의 증세에 종합적으로 시달린다. 개인이 소화하기에는 너무나 큰 고통이다. 이런 고통은 합리적이지 않은 선택을 하는 방향으로 작용한다. 현재가 너무 힘드니 내세라도 편하기를 바라는 마음, 나는 능력이 부족하니 신이 다 알아서 해 주기를 바라는 마음이 작용하는 것일지도 모르겠다.

사이비 종교에 대한 피해를 예방하기 위해서는 종교단체나 사회기관, 사법기관이 해야 할 역할이 크지만 이 책에서는 개인이 자신의 자리에서 할 수 있는 방법을 살펴보려고 한다. 종교의 자유가 주어진다는 말을 달리 해석하면 사이비 종교를 비판할 자유도 포함하며 사이비 종교의 유혹에 빠져들지 않을 권리도 포함하는 것이다.

혹시 종교를 가지려고 하는데, 아니면 지금 믿는 종교가 사이비 종교가 아닌지 걱정된다면 이런 부분을 한번 점검해 보기를 바란다. 만일 교주를 신격화하거나 개인의 재산, 성, 노동력을 착취한다면 사이비 종교인지 의심해 보아야 한다. 다른 종교를 존중하지 않고 오로지 자신들 종교만이 절대적 진리라고 주장하면 앞에서 말한 대로 사이비 종교일 가능성이 크다. 연예인을 앞세워 포교 활동을 하려는 움직임이 보인다면

이 또한 조심해야 할 부분이다. 정상적 사고가 가능한 상태에서는 이러한 현상을 제대로 판단할 수 있지만 몸과 마음이 지쳐 이미 어디든 의지하고 싶은 상태면 가족이나 지인의 조언에도 불구하고 눈을 감고 귀도 닫아 버리게 되는 것 같다.

미리 한 번쯤은 사이비 종교에 대한 나의 주관을 체크해 보는 일이 필요하다. 심리적으로 흔들리고 갈등 상황에 있을 때는 올바른 주관을 확립하기가 쉽지 않다. 안정감 있고 평범한 사고를 할 때, 사이비 종교를 똑바로 바라볼 수 있을 때 사이비 종교의 실체가 어떠한지 공부해 알아 두고 흔들리지 않는 나만의 주관을 확립할 필요가 있다.

모든 생명체가 진화하듯 사이비 종교도 끊임없이 진화한다는 점을 명심하자. 온라인상에서 사람을 현혹시키고, 콘텐츠 플랫폼을 이용하기도 한다는 사실도 알고 있어야 한다. 종교를 갖는 것이 나쁜 일은 아니지만 종교가 필요하다면 직접 찾아보고 스스로 분별할 수 있는 지혜가 필요하다. 가짜 뉴스, 잘못된 정보를 구별할 수 있는 능력이 필요하듯 뭔가 이상하다고 느껴질 때는 주변 사람들과의 소통을 통해 조언을 구하는 습관도 요구된다. 어쩌면 세상과 동떨어져 있는 순간, 우리는 사이비 종교의 포교 대상이 될지도 모른다.

세상과 연결되어
살아야 하는 이유

CROSS • CRIME SCENE DO NOT CROSS • CRIME SCENE DO NOT CROSS • CRIME SCENE DO NOT CROSS • CRIME SCENE

사람들은 궁지에 몰렸다고 생각하는 순간 극단적인 행동을 시도한다. 그것이 자신을 향하면 자해나 자살로, 타인을 향하면 살인, 폭행, 상해로 결과를 가져온다. 궁지에 몰렸다는 생각이 들면 자신이 할 수 있는 선택이 하나밖에 없다는 결론에 이르고 우리의 뇌가 비합리적 선택을 반복하도록 만든다.

오십 대의 특수강도 피의자를 만난 적이 있다. 인적이 드문 시간을 선택해 부엌칼을 점퍼 속에 숨기고 편의점에 들어가 술과 담배를 가져오려고 했는데 직원이 겁을 먹고 도망가는 모습을 보고는 금고 속에 돈까지 훔쳐서 나왔다고 했다. 직원이 왜 도망갔는지 모르겠지만 만일 강하게 저항했다면 자신이 도망쳤을 수도 있고 아니면 술과 담배만 가지고 나와서 쓴 후, 나중에 돈이 생기면 가져다주려고 했다고 말했다. 밤 11시가 넘은 시간에 범행을 했고 아침 8시가 조금 넘어 검거되었다. 밤새

한숨도 못 자고 가져온 돈을 세어 보며 날이 밝으면 가져다줘야겠다 생각하고 있다가 검거되었다고 했다.

수중에 만천 원밖에 없었고 달이 바뀌면 자신이 감당해야 할 이자 등을 걱정하다가 자해를 시도했지만 죽지 못해 범행을 저질렀다고 했다. 피의자는 대출이 약간 남기는 했지만 자신의 이름으로 된 빌라가 있었다. 허리를 다쳐서 일을 쉬게 되었고 1년이 넘게 직장을 못 구하는 중이었다. 나이가 아주 많지는 않지만 함께 거주하는 가족이 없었기 때문에 기초 생활 수급자 등록도 가능한 상태였다. 빌라를 팔아 대출금을 정리하고 직장을 구할 때까지 수급비를 받을 수도 있었다.

그런데 그는 거주지를 옮긴다거나 기초 생활 수급 대상자 제도 같은 방법이 있는지도 몰랐다. 검거된 후 조사와 면담을 진행하면서 알게 되었고 죽는 일 말고 다른 방법을 찾을 수 있다는 생각은 전혀 해 보지 못했다며 안타까워했다. 전과도 없는 오십 대가 편의점 강도를 하는 경우가 많지 않았기 때문에 관심을 가지고 면담을 진행했는데 아니나 다를까 이해하기 어려운 부분이 많은 피의자였다. 주위에 알려주는 사람이 없어 재난지원금도 못 받았다고 했다.

예전의 동사무소, 지금은 행정복지센터라고 부르는 곳에 가면 사회복지사가 있고 형편이 어렵거나 혼자서 기본적인 생활이 잘 안 되는 사람을 도와주는 이가 있다. 풍족하게는 아니더라도 기본적인 생활은 하도록 방법을 찾아 주고 기본 요건에 적합하지 않아도 당장 먹을 게 없다면 쌀과 같은 생필품을 제공해 주기도 한다. 그런데 그런 도움을 받을 수 있다는 사실조차 모르고 사는 사람이 적지 않다. 요건이 되는지 가서 물어보기라도 하려면 최소한의 것을 알고 있거나 그런 제도가 있다는 존재를 알려줄 사람이라도 있어야 하는데 세상과 담을 쌓고 혼자 생활하다 보면 이런 기회조차 제공받지 못한다. 본인이 냈던 세금으로 운영하는 것이니 어려울 땐 당당하게 요구할 수 있어야 한다. 그러나 쉰밖에 안 됐는데 일을 못 한다고 하면 뭐라고 생각할까, 가족이 없다는 걸 알면 더 무시하지 않을까 등등 이런저런 걱정 때문에 알면서도 찾아 나서기가 쉽지 않기도 하다.

병이 나면 주위에 알려야 된다고 하는 이유는 나보다 먼저 그 병으로 치료를 받아 봤거나 정보가 있는 사람에게 도움을 구하기 위해서다. 어디에 가서 어떻게 치료를 받으면 되는지, 무엇을 먹고 어떻게 생활해야 병을 극복할 수 있는지 여러 조언을 얻기 위해서다. 마찬가지로 다른 어려움이 있을 때도 주위에 알리는 행동이 필요하다. 혼자 생각하면 틀 안에 갇혀 밖으로 나오지 못하고 다른 선택지는 없다고 생각하며 극단적 선택에 이른다. 대출이자를 한 달만 못 내도 큰일이 날 것만 같은 두려움, 쉰이나 됐는데 누구 한 사람 찾아와 주지 않는 데 대한 절망감으로 자살을 시도하고 범행을 저지르는 어이없는 선택을 해 버린다. 그러고는 그건 자신의 선택이 아니었다고 말한다. 본인의 선택이 아니면 누가 한 일이란 말인가?

집 안에만 있지 말고 문을 열고 밖으로 나와 동네 정자에만 앉아 있어도 누군가와 이야기를 나눌 기회가 주어질지 모른다. 측은지심을 가진 사람을 만나면 통장이나 반장에게 연결해 주거나 행정복지센터에 동행해 줄지도 모른다. 가만히 앉아 누군가 찾아와 주기를 바라거나, 또 찾아올 사람이 없음을 애통해하지 말고, 무엇인가 다르게 해 보아야 한다.

우리는 매 순간 자신으로서는 최선이라고 생각하는 것들을 선택한다. 그런데 그 선택이 효과적이지 못하다고 느낄 때는 다르게 해 보아야 한다. 최선의 선택이라고 생각하고 했는데 자꾸 어려운 상황으로 치닫는다면 매번 같은 선택 말고 아주 조금이라도 다른 방향으로 시도해 보아야 한다. 나 혼자 어려우면 누구라도 붙잡고 얘기해 보아야 한다. 어려울 땐 도움을 구하고 내가 여유 있고 풍족할 땐 나누면 될 일이다. 도움을 구하는 행동이 구차하고 창피한 일이라는 생각을 내려놓는 순간 생각지도 못한 많은 것이 보일지도 모른다. 기쁨은 나누면 배가 되고 슬픔은 나누면 반이 된다고 하지 않았던가? 이것이 진리이고 우리가 세상과 연결되어 살아가야 하는 가장 큰 이유이다.

법률 지원과
상담 기관

CROSS • CRIME SCENE DO NOT CROSS • CRIME SCENE DO NOT CROSS • CRIME SCENE DO NOT CROSS • CRIME SCENE

가스라이팅, 그루밍, 데이트폭력, 스토킹, 사이비 종교 등은 혼자만의 힘으로 완전히 벗어나거나 적절한 대처가 어려울 수도 있다. 어떠한 경우라도 명확한 의사에 반해서 계속 괴롭히는 것은 엄연한 범죄이고, 피해를 확인할 수 있는 내용(문자, 주변 CCTV 등) 증거가 있다면 혐의를 입증하고 처벌하는 데 도움이 되지만 증거가 없다고 해서 신고할 수 없는 것은 아니다. 범죄 신고는 언제든 112로 전화하면 되지만 이외에 법률 지원이나 전문 상담 기관을 사전에 알아 두면 위기 상황에 대처하는 하나의 방법이 된다. 이에 지원을 받을 수 있는 기관을 소개하려고 한다.

여성 긴급 지원

스토킹·가정폭력·성폭력 등으로 긴급 구조·보호 또는 상담이 필요한 여

성들에게 1차 긴급 상담·서비스 연계(의료기관, 상담기관, 법률구조기관, 보호
시설 등) 등 위기 개입 서비스를 제공, 근거리 상담소·보호시설·112·119
등에서 즉시 도움을 받을 수 있도록 긴급 연락망 구축, 협조 체계 유지

- 여성 긴급 전화: ☎1366 (365일 24시간, 전국 8개소 운영)

법률 지원

대한법률구조공단 등에서 피해자와 경제적 곤란을 겪고 있는 국민을 대
상으로 법률 상담 및 무료 소송 대리 등 법률 서비스를 지원

- 대한법률구조공단: ☎132   ⊕http://klac.or.kr
- 대한변협 법률구조재단: ☎02-3476-6515   ⊕http://legalaid.or.kr
- 한국가정법률상담소: ☎1644-7077   ⊕http://lawhome.or.kr
- 법률홈닥터: ☎02-2110-3824   ⊕www.lawhomedoctor.moj.go.kr

전문 상담 지원

- 경찰청 학교·여성폭력 긴급 지원 센터: ☎117
- 다누리 콜센터: ☎1577-1366
- 보건복지 콜센터: ☎129
- 정신건강 위기 상담 전화: ☎1577-0199

범죄 피해자 지원

- 범죄 피해자 지원 센터: ☎1577-1295   ⊕https://www.kcva.or.kr
- 스마일센터: ☎02-333-1295   ⊕https://resmile.or.kr

불법 촬영 영상물 삭제·차단 요청

- 디지털 성범죄 피해자 지원 센터: ☎02-735-8994
- 한국 사이버 성폭력 대응 센터: ☎070-7717-1079

기타 지원

- 주민등록번호 변경 제도: ☎044-205-6632~6642

긴급 보호 등 지원

기존의 가정폭력·성폭력 피해자 지원 시설(상담소, 보호시설)을 활용, 상담 및 일시 보호 등 지원(2021년 여성·아동 권익 증진 사업 운영 지침의 지원 대상에 '스토킹피해자 등'을 포함)

부록

사건
파일

DEVILS
×
PROFILER

× × ×

×

DON'T BRING OUT THE DEVIL IN ME

뇌경색인 아버지를
벌세우고 폭행하여 사망

사건 파일 #1   친부 살해

아버지가 베란다에 쓰러져 사망하셨다는 신고를 받고 경찰이 출동했
다. 현장은 빌라 밀집 지역에 위치한 상가주택 2층, 출입문은 강제로 개
방한 흔적이 없었고 함께 거주하던 아들이 외출 후 돌아와 쓰러져 있는
아버지를 보고 놀라 신고했다. 거실 겸 주방이 있고 시계 방향으로 작은
방, 안방, 화장실, 또 다른 작은방에는 문이 달려 있지 않고 베란다가 딸
려 있었다. 내부는 생활용품과 집기류가 어지럽게 널려 있었고 오랫동
안 정리나 청소를 하지 않은 것 같았다.

아버지는 반팔 티셔츠와 흔히 냉장고 바지라고 부르는 바지를 입고
베란다에 옆으로 누운 채 사망해 있었다. 베란다에는 우측에 세탁기가
있고 중간에는 재떨이로 사용하는 담배가 그득한 화분이 놓여 있었다.
아버지는 그 화분 쪽에 얼굴을 두고 누워 있고 담배꽁초가 잔뜩 바닥에
떨어져 있었다. 아마도 화분에 있던 담배꽁초가 쏟아진 모양이었다. 아

들은 자신이 외출한 사이 몸이 성치 못한 아버지가 담배를 피우러 베란다에 나갔다가 변을 당하신 것 같다고 진술했다. 그러나 가슴과 배 등 신체 곳곳에 멍이 보였고 흉골, 척추, 갈비뼈가 골절되어 있었다. 언뜻 보기에도 둔탁한 물체에 의해 생긴 외적 손상임을 확인할 수 있었다.

예상했던 대로 명백한 폭행에 의한 사망이라는 법의학자의 소견이 나왔다. 뭉뚝하고 크지 않은 물체로 수십 차례 맞아 생긴 손상으로 보이고 발로 밟거나 차서 생긴 상처일 수도 있다고 했다. 하루 이틀 만에 생긴 상처가 아니라 여러 날에 걸쳐 생긴 상처라는 설명도 덧붙였다. 170센티미터의 키에 57킬로그램, 쉰다섯의 나이라고는 믿기 힘들 정도로 늙고 야위어 보였다.

3년 전쯤 뇌경색으로 쓰러진 후 오른팔을 잘 사용하지 못하고 오른발은 바닥을 끌며 보행할 정도로 거동이 불편했다고 한다. 경제적 능력이 없어지자 어머니와도 사이가 안 좋아졌고 급기야 2년 전 이혼을 했다. 어머니는 가끔 들러 청소나 빨래를 해 주셨는데 최근에는 그것도 어려워져 아버지와 작은아들인 신고자 단둘이 생활했단다.

부검 결과를 알렸으나 아들은 자신이 아버지를 잘 돌보지 않은 것은 맞지만 그렇다고 아버지를 죽일 만큼 미워하지도 않았고 가끔은 재활을 위해 훈련도 시켰다며 휴대폰의 사진을 보여 줬다. 아버지 몸에 있는 멍자국들은 아마도 자신이 외출한 사이 집 밖으로 나가려다가 생긴 상처일 것이라고 했다. 제대로 움직이지도 못하면서 밖에 나가려는 아버지 때문에 외출할 때 안쪽에서 열지 못하도록 문 바깥으로 자물쇠를 채우는데 어느 날은 창문을 넘어 밖으로 나가려다가 창문에서 떨어지신 적도 있고, 어찌어찌 문을 열고 나가려다 계단에서 구르신 적도 있다며 보지는 못했지만 그런 상처일 것이라고 했다.

그러나 상가주택 밖에 설치된 CCTV에 현관으로 나온 모습이나 창문으로 나오다가 들어간 모습 모두 확인되지 않았다. 상가주택 2층에 거주하기 때문에 창문에서 떨어졌다면 훨씬 큰 상처가 남았으리라 예상되고 또 들어가실 때는 현관을 이용할 수밖에 없는데 아버지가 집 밖으로 나오는 모습은 찾아볼 수 없었다.

아들의 휴대폰을 제출받아 포렌식을 해 본 결과 아버지 머리에 책을 올린 후 벽에 붙어 서 있게 하는 등의 사진이 여러 장 나왔다. 오른쪽을 제대로 움직이지 못하는 아버지가 책을 이고 서 있는 자세는 웬만해서는 불가능할 것 같았다. 아들은 그 사진이 재활 운동을 시키고 있는 장면이라고 주장했다.

이십 대 초반인 아들은 중학교 때 복싱을 시작했지만 기숙사 생활이 싫어 체육 고등학교 진학을 포기하고 인문계 고등학교에 진학하여 복싱을 계속했다. 하지만 대학 진학 후 무릎 부상으로 운동과 학업을 모두 포기하고 사건 당시 공익 판정을 받고 대기 중인 상태였다. 이모부가 다니는 반도체 회사에서 근무하다가 퇴사해 실업급여로 생활하고 있었다. 청소 등 집안일을 어머니께 부탁하고 싶은 마음도 있었지만 어지럽혀진

내 안의 악마를 꺼내지 마세요

집을 보면 잔소리하실 것이 뻔해서 도움을 청하지 않았고 아버지한테는 음식을 배달시켜 드리거나 담배를 가끔 드렸다고 했다.

아버지의 죽음 앞에서 애도 반응보다는 자신이 결백함을 주장하기에 급급한 모습이었다. 책을 이고 서 있게 하거나 음료수 병을 옆구리에 끼고 서 있게 하는 일이 재활이었냐는 질문에 코어 운동을 시킨 것이라고 했다. 아버지와는 거의 남남처럼 생활해서 갈등은 전혀 없었고 자신이 없을 때 키우고 있는 반려견을 돌봐 줘야 하기 때문에 죽일 이유가 없다고 했다. 베란다에서 발견된 점, 몸 여기저기에 멍이 있는 점에 대해서는 의문이 없느냐는 질문에 운동 중 넘어져서 생긴 것일 수도 있다고 말을 바꾸었다.

오른쪽을 제대로 움직이지 못하는 아버지에게 코어 운동이랍시고 벌을 주고 못 하면 때리고 혼낸 정황을 진술 곳곳에서 확인할 수 있었다. 책을 머리에 올린 채 서 있게 하거나 벽과 이마 사이에 대고 서 있게 한 뒤 사진 촬영을 하고 책을 떨어뜨리면 자신이 됐다는 생각이 들 때까지 계속 같은 일을 반복해서 시켰다는 사실은 인정했다. 그러나 때리지는 않았다고 했다. 자신이 생각해도 경찰이 의심하는 이유는 충분히 이해되지만 베란다가 좁은 공간이어서 이동하기 쉽지 않고 끌고 갔다면 끌고 간 흔적이 남아 있지 않겠냐며 논리적으로 설명하지 못하는 자신이 한심하다고 했다.

도대체 어디까지가 진실이고 무엇이 잘못된 것인지 정확히 판단하기 힘들었다. 그러나 자신은 하루에도 몇 번씩 음식을 배달시켜 먹으면서 병들어 누워 있는 아버지에게는 제대로 된 죽 한 그릇도 시켜 주지 않았다. 거의 쓰레기더미에서 생활하게 하고 재활 운동을 시킨다는 명목으로 거동이 불편한 아버지를 벌세웠다. 이 아들에게 잘못이 없다고 할 수 있을까? 성장한 아들이 있긴 하지만 경제적 능력 없이 방치된 뇌경색 환자를 아무도 들여다보지 않은 사회 시스템에는 빈틈이 없는 것일까?

아들은 존속살해 혐의로 기소되었으나 끝까지 자신의 잘못을 인정하지 않았다. 너무나 처량하게 살다가 사망한 한 사람의 죽음 앞에서, 그리고 아버지의 죽음에 대해 전혀 애도하지 않는 아들 앞에서 학교도, 사회도, 사회구성원의 하나인 우리도 자유롭지 못할 것 같다.

돈 때문에 부동액으로
친모를 살인한 딸

사건 파일 #2   친모 살해

하루가 멀다 하고 전화를 하던 어머니가 며칠째 연락이 없고 전화를 해도 받지 않았다. 아들은 걱정되는 마음에 어머니의 주거지를 방문했다가 안방 침대 위 이불에 덮여 사망해 부패 상태로 있는 어머니를 발견하고 경찰에 신고했다. 어머니는 코로나19 2차 예방접종 이후 후유증으로 갑자기 쓰러지기도 하고, 응급실에 실려 간 적도 있기 때문에 아들은 혼자 계시다 쓰러지셔서 사망한 것이 아닐까 추측했다. 지병이 있기는 했지만 갑자기 쓰러져 사망했다고 판단하기에는 이불이 얼굴까지 덮여 있는 등 현장 상황에 의심점이 있어 부검을 진행했다.

부검 결과 급성 에틸렌글리콜 중독으로 판단된다는 소견이 있었다. 심장 혈액과 위장 내용물에서 수면제와 신경안정제 관련 성분, 에틸렌글리콜과 글리콜산이 검출되었는데 음독 사망 사례 수준이라고 했다. 이외에는 사인으로 고려할 정도의 외력에 의한 손상이 없었다. 이런 결과를 받으면 일반 변사가 아닌 타살에 혐의점을 두고 사건을 원점에서 수사해야 한다.

현관 출입문은 철제 방화문으로 전자식 도어락과 열쇠 잠금 장치가 설치되어 있고 외부 침입 흔적은 보이지 않았으며 아들이 비밀번호를 눌러 문을 열고 들어왔다고 했다. 집 내부는 다툼의 흔적도 없었고 비교적 잘 정리되어 있었다. 같은 층에 거주하는 이웃도 낯선 사람 출입을 목격하지 못했다고 진술했다. 그렇다면 이 집을 자유롭게 드나든 사람의 소행이라고 판단할 수밖에 없다. CCTV를 통해 출입자를 확인하고 피해자 주변을 수사해야 한다.

피해자에게는 남자 친구가 있었지만 집에는 잘 드나들지 않았고 아들 외에 결혼한 딸이 하나 더 있었는데 어머니를 돌본다는 이유로 남편만 홀로 집에 두고 직장도 그만둔 채 어머니 집에 와 있었다고 했다. 그런데 사망 당일은 집에 없었다. 직장까지 그만두고 어머니를 돌보았다면 효녀라고 생각해야 하나 사건 앞에서는 모든 것에 의심을 품을 수밖에 없다. 뿐만 아니라 코로나19 백신 2차 접종 이후부터 딸이 어머니와 함께 생활했다고 하니 접종 후유증으로 알고 있었던 증상도 다시 한 번 생각할 수밖에 없었다.

놀라운 사실이 꼬리에 꼬리를 물고 드러났다. 경제적으로 어려워 어머니의 도움을 받았다는 딸의 방에서 명품 가방을 여럿 발견했고 사망 전 어머니의 질병으로 받은 보험금이 모두 피해자 계좌로 들어갔다가

내 안의 악마를 꺼내지 마세요

바로 딸의 계좌로 옮겨져 사용되었다는 사실도 밝혀졌다. 어머니의 패물을 몰래 가지고 나가 처분한 상황도 확인했으며 어머니가 살고 있는 집을 처분하려고 시도한 정황도 확인했다. 이런 일들을 들키고 더 이상 보험금 수령도 할 수 없게 되자 가짜로 메신저 내용을 만드는 애플리케이션을 이용해 SNS 내용을 조작하여 어머니가 자신의 이야기를 진짜로 믿게 하고, 이것도 어려워지자 부동액까지 준비한 사실이 하나둘씩 드러나기 시작했다.

그러나 부동액을 구매했다는 사실만으로 이것을 이용하여 어머니를 살해했다는 뜻은 될 수 없다. 딸은 처음에는 돌아가신 아버지가 살아계실 때 사 놓은 부동액이 집에 남아 있을 뿐이라고 말했다. 최근에도 구입한 이력을 확인했다고 하자 어머니의 부탁으로 어머니 차에 넣을 부동액을 구입했다고 주장했다.

이 사건을 통해서 알게 된 사실인데 부동액에도 여러 가지 종류가 있고 차량 기종에 따라 사용하는 게 다르다는 것이다. 딸이 구입한 부동액은 일반 승용차에 사용하는 부동액이었는데 어머니가 운행하는 차는 승합차였다. 거짓말이 드러나자 자신은 어머니가 부탁해서 구입했을 뿐 종류 같은 건 모른다고 잡아뗐다. 수사를 통해 자신이 늘어놓은 변명들이 모두 거짓말이라는 사실이 하나둘씩 드러나자 마지못해 조금씩 입을 열었다.

상대방이 이미 알고 있어 거짓말을 해봤자 소용이 없다고 생각하는 부분은 최소한으로 진술하고, 자료를 토대로 먼저 제시하지 않으면 자발적으로 진술하지 않는 등 축소 보고하는 태도로 면담에 참여했다. 보험금의 행방을 물으면 구체적 진술을 꺼리고 "모르겠다", "원래 기억력이 좋지 않다"며 변명하기도 했다. 명품 구입, 얼굴과 몸에 성형과 미용 목적으로 시술받은 부분도 최소한의 얘기만 꺼냈다.

어머니인 피해자의 주거지에서 부동액을 발견했지만 어떤 방법으로 사용했는지 고민하고 있었는데 피의자 방 사진을 보다가 부동액 색깔과 똑같은 액체가 담긴 병을 발견했다. 어린이용 물약병처럼 투명하고 작은 용기에 주황색 액체가 담겨져 있었고 감정 의뢰 결과 부동액 성분으로 확인되었다. 부동액 통을 직접 가지고 다니면서 이곳저곳에 희석하기는 쉽지 않았던 것 같았다.

어떤 식으로 사용했는지 질문을 해도 모르쇠로 대응하며 화제를 전환하던 피의자는 막상 자신의 방에서 발견한 병을 직접 언급하니 부동액이라는 사실은 인정하면서도 자신이 먹고 죽으려고 준비해 놓았다고 변명했다. 그러다 자신이 생각해도 설득력이 없었는지 어머니한테 먹인 사실을 인정했다. 자신도 먹었는데 별일 없었기 때문에 큰 이상은 없을 것이라 생각했다고 말도 되지 않는 궁색한 변명을 늘어놓았다.

스스로 부동액을 와인병, 와인잔, 과일 맛 나는 캔 맥주에 섞어서 수면제와 함께 먹은 적이 있다고 진술하며 커다란 부동액 통을 두 손으로 들

내 안의 악마를 꺼내지 마세요

고 작은 병에 따르는 시늉을 해 보였다. 그러면서도 다른 물질을 먹어도 부동액 성분이 나올 수 있는지, 냄새만 맡아도 성분이 나올 수 있는지 등의 질문을 이어가며 어떻게든 현재 상황에서 벗어날 방법을 모색하느라 바빴다.

부동액 때문에 신장이 망가져 혈액 투석을 하게 되고 약해질 대로 약해진 어머니한테 또다시 부동액을 먹여 결국 사망에 이르게 한 뒤 구호 조치도 하지 않고 자신이 사다 놓은 과자 등을 챙겨 현장을 빠져나갔다. 그런 딸이 용서를 빌기보다는 책임을 면하려면 어떤 방법이 있는지 고민하는 모습에서 악마를 보았다.

피의자인 딸이 이야기하는 범행 동기는 이렇다. 아버지의 교통사고 병원비를 대기 위해 대출을 받았던 영향이 현재까지 이어졌다고 주장했다. 대출금을 갚으려 부업으로 온라인 마케터를 하고 활동의 일환으로 여러 가지 홍보 글에 '좋아요'를 누르며 명품, 피부 시술 등을 접하게 됐고 관심이 생겨 소비를 하다 보니 점점 빚이 늘었다고 했다.

스스로 만든 빚이라 어떻게든 책임져야겠다는 생각으로 이쪽저쪽 돌려막기를 하며 혼자 해결하려고 했는데 생각처럼 잘 되지 않았다고 했다. 그러던 중 유산을 하고 직장까지 그만두게 되자 이자도 내지 못할 상황이 되었고 어머니 돈에 손을 대기 시작했다. 자살을 할까도 고민했는데 자살도 쉽지 않았고 채권추심까지 들어오자 어머니가 이런 사실들을 알게 되어 다른 방법이 없었다고 했다.

처음에는 죽이려다가 그러면 안 될 것 같아 119를 불러 병원에 갔는데 이 일로 보험금을 수령하다 보니 부동액을 조금씩 먹여서 두 번, 세 번 어머니를 병원에 입원하도록 만들었다. 그러다 더 이상 질병으로 인한 보험금 수령이 어려워지자 살해한 것이다.

피의자는 자신은 어머니를 무척 사랑했고 어머니도 자신을 사랑했다고 말했다. 같이 놀러 다니고 맛있는 것도 많이 먹으러 다녔다고 하며 어머니를 사랑한 것은 진심이라고 했다. 그런데 부동액을 먹여 정신을 잃고 쓰러져 죽어 가는 어머니를 두고 어머니 휴대폰까지 들고 집을 나선 후 어머니인 척 남동생에게 문자를 보냈다. 집에 온다는 동생에게 주말에 오라며 오지 못하게 했다.

깨어났을 수도 있다고 생각했다면서 단 한 번도 집에 와 보지 않았고 전처럼 119에 도움을 청하지도 않았다. 확실히 죽이고 싶었던 것처럼 말이다. 자식을 진심으로 사랑한 어머니는 딸이 어려우면 죽어도 되는가? 죽어서라도 딸이 돈을 쓸 수 있게 해 주어야 하는가? 어머니가 자신을 진심으로 사랑했기 때문에 자신이 죽였어도 슬퍼하거나 억울해하지 않는다는 말인가?

반려견을 언급할 때는 눈물을 흘리며 감정적인 모습을 보이고 남편에게 전화를 걸어 반려견 안부를 확인해 달라는 요구도 했다. 그렇지만 돌아가신 어머니를 생각하며 눈물을 보이지는 않았다. 이야기 중간 중간 눈물을 보이는 순간이 있었지만 돌아가신 어머니에 대한 가슴 아픔보다는 자신이 잘못을 책임져야 한다는 사실이 두려워서인 것 같았다.

그렇다고 반려견에 대해서도 사랑하는 마음만 표현하지는 않았다. 자신이 심적으로 힘들 때는 강아지에게 수면제를 먹일까 생각하기도 했다고 말하는 등 애정이 있는 대상이라도 필요하면 얼마든지 생명을 빼앗을 수도 있다는 느낌이 들게 했다.

자신의 행동으로 어머니가 사망한 점은 맞으니 억울하지는 않다고 말하면서도 수차례에 걸쳐 부동액을 섭취하도록 한 사실 모두를 인정하지는 않았다. 만일 과거부터 수차례 시도한 사실을 재판장에서 다른 가족이나 지인이 알게 되면 실망할 것이라 말했다. 자신에게 붙을 수식어가 걱정된다고 표현하며 주변인의 평가에만 신경 쓰는 모습도 발견할 수 있었다. 자신의 소비 패턴이나 문제 상황을 해결하는 방법에 잘못이 있음을 인정하지 않고 아버지의 병원비 때문에 시작된 일이라 자신에게만 책임이 있지는 않다고 주장했다.

아버지가 교통사고로 경제력을 잃자 가정 경제가 어려워졌고 어머니는 돈을 벌기 위해 일을 하러 가니 고등학교 때부터 거동이 불편한 아버지를 돌보고 씻기고 하는 일들이 자신의 몫이 되었던 피의자는 가난이 너무 싫어서 많은 돈을 벌고 싶었다고 했다. 자신도 일을 하러 가면 아버지를 돌보지 않아도 되니 차라리 일하는 편이 더 맘이 편했다고 했다. 그런데 돈을 벌어도 좀처럼 형편이 좋아지지는 않고 저축도 할 수 없으니 큰돈을 벌 수 있는 방법을 계속 고민했다는 것이다. 어려서부터 자신을 고생시켰던 부모에 대한 애정이 그다지 남아 있어 보이지 않았다.

보통 주변의 평가에 지나치게 집중하는 사람은 내면의 힘이 부족한 사람들이다. 이럴 때는 상담이나 치료를 통해 내면의 힘을 키우는 데 집중해야 하는데 성형이나 외모를 꾸미는 일에 지나치게 많은 돈과 시간을 투자하고 이로 인해 상황은 더 악화된다. 문제를 직면하지 않고 동정심을 자극하거나 순간순간을 모면하려는 태도는 더 큰 문제를 만든다는 사실을 기억해야 한다.

내 안의 악마를 꺼내지 마세요

도박을 위해
어머니를 상대로 벌인 특수강도

사건 파일 #3   특수강도

이십 대 초반인 피의자는 피해자의 친아들이다. 미리 준비한 과도를 소지한 채 피해자의 주거지를 방문했고, 피해자의 가슴을 밀치며 손목을 잡고 3층으로 끌고 갔다. 과도를 보여 주며 금고를 열라고 위협, 금고 안에 있던 현금 1574만 원과 휴대폰을 강취한 뒤 현장을 빠져나왔다.

범죄 현장은 고급 타운하우스 지역에 위치한 지상 4층짜리 주택이었다. 1층은 주차장과 마당이 있는 필로티 구조, 2층에는 거실과 부엌, 3층에는 침실과 화장실, 그리고 4층은 다락방이 있는 건물이었다. 피의자는 오전 10시 30분경 범행을 했으나 그 시간대에 주거지에는 피해자 혼자 있었고 타운하우스에도 거주자 외에는 통행하는 사람이 드물었다. 피해자는 남편이 운영하는 마트 일을 돕기 위해 함께 나가서 일을 하곤 했지만 범행이 있던 날은 집에서 쉬고 있었다. 피의자가 원하는 대로 돈을 모두 건네주었기 때문에 손목 부위 경미한 찰과상 외에는 다른 상처를 입지 않았다.

피의자가 나간 후 피해자는 보일러 수리를 위해 방문한 기사의 휴대폰을 빌려 남편에게 전화를 걸었고 남편이 112에 신고하여 강력팀 형사들과 과학수사 요원들이 현장에 출동했다. 피해자는 얼굴을 직접 보지는 못했지만 아들인 것 같다고 진술했고 신고 2시간 후 인천공항 근처 모텔 앞에서 피의자를 체포했다.

체포 당시 피의자는 1574만 원 중 530만 원은 귀금속을 구입하고 200만 원은 본인 계좌로 이체 후 필리핀행 비행기 표를 구입하고 844만 원은 현금으로 가지고 있었다. 범행일 저녁 8시 30분 비행기로 필리핀으로 도주할 계획이었다. 신고하리라고는 생각하지 않았으니 도주라기보다는 또 도박을 하기 위해 필리핀으로 가려고 했다는 편이 맞겠다.

피의자는 1남 1녀 중 둘째였고 누나는 사립초등학교를 졸업하고 캐나다와 미국에서 공부를 하는 등 부모님이 지원했는데 아들인 자신에게는 제대로 지원해 주지 않았다며 불만을 가지고 있었다. 차별을 하는 이유가 무엇인지에 대해서 한 번도 설명해 주지 않았고 그래서 자신은 이유도 모르고 있다고 했다.

고등학교 졸업 후 아버지가 운영하는 마트에서 일을 시켰는데 정육코너에서 일하던 중 손가락이 절단되는 사고를 겪는 등 고생만 했다고 불만을 늘어놓았다. 그러다 군대에 갔고 제대 후에도 마트에서 다시 일을 하는 등 비교적 성실한 편이었다. 그런데 3년 전 친구들과 필리핀 여행을 갔다가 카지노를 방문했고 200만 원으로 게임을 시작해 800만 원 가까운 수익을 얻었다. 처음으로 무엇인가 자기 힘으로 해낸 것 같은 희열을 느꼈고 표현하기 힘든 짜릿한 느낌 때문에 자연스럽게 도박에 빠지게 되었다. 이후에도 틈이 나면 카지노 이용을 위해 필리핀을 방문했으나 코로나19 팬데믹으로 해외 카지노에 가기 어려워지자 해외 선물이나 온라인 카지노 등 사행 행위를 즐겼다.

물론 매번 따기만 할 수는 없었다. 한 번은 1500만 원, 다음에는 500만 원을 잃었다고 했다. 그러자 본전을 메꾸고 싶은 충동을 느꼈고 제2 금융권, 제3 금융권에서까지 대출을 받아 돌려막기를 했다. 3년 전에는 빚이 감당이 안 되자 다시는 도박을 하지 않겠다는 다짐을 하며 아버지께 도박 빚을 갚아 달라고 부탁했고 7000만 원 정도를 아버지가 대신 갚아 준 적도 있다고 했다.

그 후 한참 동안 잘 참았는데 한 달 전쯤 친구들과 골프를 치러 필리핀에 갔다가 다시 카지노를 드나들었다. 3박 5일을 계획하고 갔으나 친구들만 먼저 한국으로 보내고 자신은 혼자 남아 도박을 했다. 열흘 만에 가지고 간 1500만 원을 모두 잃고 귀국했다. 입국해서는 집으로 가지 않고 돈을 구하기 위해 여기저기 연락을 하다가 친구에게 돈을 빌려 다음 날 다시 필리핀으로 갔다. 그러고는 또 일주일 만에 한국으로 들어와 다시 돈을 빌려 귀국 당일 필리핀으로 되돌아갔다가 이번에도 돈을 모두 잃고 범행 이틀 전 한국에 입국하여 공항 근처 모텔에 묵고 있었다.

필리핀으로 돌아가 도박하기에는 자금이 부족하다고 판단한 피의자는 손가락이 절단되면서까지 열심히 일한 걸 부모님께 피력하고 돈을 받아 내야겠다고 결심했다. 그런데 범행 당일 아무리 생각해도 부모님이 순순히 돈을 주지 않을 것 같고, 부모님을 말로 당해 낼 수 없다고 여겨졌다. 그래서 인근 마트에서 과도를 구입해 부모님 주거지에 방문했다. 비밀번호가 생각나지 않아 초인종을 누르니 어머니가 택배 기사로 착각하고 문을 열어 주었다고 했다.

어머니에게 돈을 달라고 했으나 자신을 알아보지 못했고, 거부하며 반항하자 서로 몸을 붙잡으며 실랑이를 하던 중 피해자를 밀어 넘어뜨렸다. 넘어진 피해자의 후드티셔츠를 잡아끌며 강제로 금고가 있는 위층으로 가던 중 피해자는 벗어나기 위해 후드티셔츠를 벗었다. 이에 피해자의 손목을 잡고는 3층 안방으로 올라가 금고를 열라고 요구했으나 이 또한 거부하자 청바지 뒷주머니에 넣어 두었던 과도를 꺼내 피해자에게 보여 주며 금고를 열라고 협박했다.

금고가 열리자 미리 준비해 들고 있던 종이 쇼핑백에 돈을 담은 뒤 피해자가 아버지에게 전화할 것이라고 생각하여 피해자 휴대폰도 챙겨 집을 나왔다. 빼앗은 피해자의 휴대폰은 집 근처 쓰레기장에 버린 뒤 강취한 돈으로 항공권과 귀금속을 구입, 필리핀으로 돌아갈 준비를 하며 기다리던 중 체포되었다. 피의자는 자신이 나간 후에라도 어머니가 아들이었다는 사실을 알 테고 그러면 신고를 하지 않을 것이라 생각했다고

내 안의 악마를 꺼내지 마세요

말했다.

피의자는 적대감과 편집증적 성향이 있기는 했지만 치료 경력은 없었으며 스스로도 자신에게 문제가 있다고 생각하지는 않았다. 과거 마트 근무 중 손가락 절단 사고가 발생했을 때 산업재해 처리를 요구했지만 사장인 아버지가 이를 거부해 '친아버지가 맞는 걸까?'라는 생각을 한 적이 있다며 섭섭했던 경험을 토로하기도 했다. 접합 수술을 했지만 현재까지도 손가락이 보라색을 띠고 있다며 상처 부위를 보여 주었고 여전히 감각이 없고 잘 움직여지지 않는다며 아버지를 원망하는 태도를 보였다.

부모님이 도박 빚을 갚아 주는 등 뒷바라지를 해 주었으나 피의자는 자신이 아들임에도 누나에 비해 관심이나 기대를 받지 못하고 자랐으며 성공하지 못한 것도 모두 부모님 때문이라며 서운한 감정을 드러냈다. 그러나 피의자를 외국으로 유학을 보내지는 않았지만 운동선수로 성공시키기 위해 부모님 나름대로 노력한 부분에 대해서도 설명하였고 피의자가 느끼는 만큼 차별 대우를 했다고 보이지는 않았다. 다만 운동을 하던 중 감독이 비리로 학교를 그만두기도 하고 구타도 있어 운동선수 생활을 끝까지 이어가지 못하는 등 피의자에게는 버티는 경험과 힘이 부족한 부분이 엿보였다.

도박을 시작한 이후에는 돈을 계속 잃고 변제할 능력이 없는데도 지인들에게 돈을 빌리거나 대출을 받아 또다시 도박으로 날리는 일을 반복했다. 스스로도 제어할 수 없는 수준에 이르렀고 도박 중독인 것 같다고 하면서도 중단을 위해 치료를 받거나 노력한 흔적은 어디에서도 찾아볼 수 없었다.

집에 돌아가면 또다시 마트에서 일만 해야 하니 우울하고 힘들었는데 카지노에 가면 말할 사람이 있어서 행복했고 대접받는 느낌도 들었다고 했다. 필리핀에서도 카지노에서 나와 호텔방으로 돌아오면 공허하고 말할 사람이 없어 얼마 쉬지도 않고 다시 카지노에 돌아가는 일을 반복하다 보니 제대로 판단도 하지 않고 배팅하는 등 잃을 수밖에 없는 환경에 스스로를 노출시킨 듯 보였다. 성장 과정에서 충분한 사랑과 지지를 받은 경험이 적은 피의자에게 카지노는 관계 욕구와 쾌락 욕구를 동시에 충족시켜 주는 장소이자 삶의 돌파구 역할을 한 것으로 보였다.

면담 내내 질문에 솔직하게 대답하였으나 전반적으로 감정 표현이 적고 무기력한 모습을 보였고 피해자에 대한 미안함이나 죄책감의 표현은 드러내지 않았다. 면담 중간 아버지와의 면회 시 "선처는 없다"고 단호한 태도로 말하는 아버지에게 아무 말도 하지 못했다며 역시 감정 변화 없이 "이제는 정말 어쩔 수 없는 것 같다"며 자포자기하는 태도였다. 피의자는 급박한 상황에도 문제를 적극 해결하려는 태도가 부족했으며 무기력한 상태가 지속되고 있는 것 같았다.

차별 대우 이유를 설명하지 않는 부모에게 원망하는 태도를 보여, 사실은 성적이 뛰어나지 않은 피의자를 운동으로라도 대학에 진학시키려

내 안의 악마를 꺼내지 마세요

노력한 것은 아닌지 질문했지만 그런 방식으로는 한 번도 생각해 보지 않은 것 같았다. 자신은 늘 부모가 시키는 대로 말을 잘 들었는데도 별다른 혜택을 주지 않고 운도 따르지 않았다고만 생각했다. 대학 진학에 실패하고 하고 싶은 일도 딱히 없었던 피의자에게 부모는 차라리 마트에서 일할 것을 권했고 대안이 없는 피의자는 월급을 받을 수 있기 때문에 다른 일자리는 찾아볼 생각도 하지 않았던 것 같았다. 아버지는 고졸 초봉으로는 적지 않는 돈을 주었고 피의자 역시 별다른 스트레스 없이 생활했던 것으로 보였다.

그동안 친구들이 빌려준 돈도 사실은 피의자 때문이 아니라 아버지가 계시니 못 받을 일은 없다고 생각하여 빌려준 것으로 보였으나 피의자는 그런 점은 생각도 해 보지 않은 듯했다. 강도 범행을 하고서도 자신을 알아보고 신고하지 않을 것이라고 생각했다는 피의자는 자신의 삶을 스스로 가꾸고 만들기 위한 노력도 준비도 없어 보였다.

아이를 낳아 키우다 보면 때론 쓴소리도 해야 하는 순간이 온다. 실수나 실패로 아파할 때 스스로 일어나려 애쓰는 모습이 안쓰러울 수도 있지만 묵묵히 지켜보고 자기 힘으로 일어날 수 있도록 곁에서 응원해야 한다. 그러나 스스로 무엇도 하려 하지 않는다면, 그 순간은 더 아파하더라도 처한 상황을 설명해 주고 궁금해하는 부분에 대해서는 왜 그렇게 했는지 부모가 이유를 알려줄 의무가 있다. 그런데 생활하기에 바빠서, 피곤해서 그런 순간들을 지나쳐 버리기도 한다. 부모가 어른이기는 하지만 늘 옳은 선택만 하지는 않으니 잘못 선택하고 잘못 안내한 부분은 사과도 해야 한다. 부모를 상대로 강도 범행을 한 피의자를 절대 용서할 수는 없으나 피의자가 품은 의문을 계속 해소하지 못한다면 또 다른 범행과 연결되지 않으리라 장담하기 어렵다.

뒤바뀐 상황으로
두 번 만난 피의자

사건 파일 #4 지적장애인 공동 협박

몇 년 전 관내에 연쇄 방화 사건이 있었다. 피의자 진술이나 태도가 이상하다며 면담을 와 줄 수 있겠냐는 전화를 받고 경찰서에 도착했다. 피의자는 남성 두 명이고 그중 한 명은 지적장애가 있다고 소개했다. 두 명의 피의자를 따로따로 면담하는 것이 좋겠다고 판단해 분리해서 만나기를 요청했고 장애가 있다는 피의자를 먼저 만났다. 주택 밀집 지역 이면도로에서 버려진 의자를 가져와 주차된 차량 사이에 놓고 라이터로 불을 질러 근처에 세워진 차량의 일부를 소훼한 범행이었다.

장애 진단을 받았다는 피의자는 안경을 쓰고 양팔에 용 문양과 문자 문신이 있었고 양손가락 마디에 싸우다 생긴 흉터를 자랑스럽게 내보이며 웃었다. 체구가 크지는 않았지만 얼핏 봐도 여러 가지 문제 행동과 연결되어 있겠다는 생각이 들게 했다. '지적 능력 저하 및 분노 조절 장애 등 의심'으로 군 면제를 받았다고 떳떳이 말하는 피의자는 특별히 의

사소통에 문제는 없었다. 다만 감정이 불안정하고 호전적인 태도를 보이기는 했다. 부모는 자신이 소년원에 있을 때 이혼했고 소년원에서 나와 여자 친구와 동거 중이라고 말했다. 조직폭력집단에 잠시 들어간 경험이 있었고 중고차 딜러로 일하다가 현재는 아는 형과 함께 '온라인 스포츠 토토'를 운영 중이라고 했다.

입고 있는 옷은 배달하는 사람들이 입는 조끼인데 그것과는 전혀 관계가 없는 직업들을 얘기했다. 겉으로 보아 지적장애가 있다고 볼 만한 단서를 찾기는 어려웠으나 어디부터 어디까지 진실인지 알 수 없었다. 고등학교 자퇴 후 소년원에서 검정고시로 고등학교 졸업 자격을 취득했고 여자 친구도 자퇴 후 검정고시로 졸업 자격을 취득하고 대학입시를 준비하고 있다고 말하며 묻지 않는 부분에 대한 정보를 제공했다. 아마도 자신을 얕잡아 볼까 봐 과시하고 싶은 모양이었다. 심리검사 결과에서도 다른 사람의 시선을 신경 쓰고 자신을 쳐다봤다는 이유로 폭력을 행사하는 등 타인의 평가나 시선에 예민한 성향이 있었다.

이십 대 초반의 어린 나이임에도 불구하고 폭력, 사기, 절도, 횡령, 강제추행, 방화 미수 등 스물여덟 건이나 되는 다양한 전과가 있었다. 실제로 자신이 한 일은 별로 없고 억울하게 뒤집어썼거나 타인의 꼬임에 넘어간 것처럼 설명했다. 거짓말하는 성향이 엿보여 전부를 사실이라고 믿기 어려웠으나 지적장애를 고려한다면 제대로 설명하지 못했거나 자신의 말을 믿어 주지 않을 것이라는 짐작으로 설명 기회조차 스스로 포

내 안의 악마를 꺼내지 마세요

기했을 가능성도 배제할 수 없다.

그런데 이번 사건의 경우는 좀 달랐다. 자신은 망을 본 것뿐이고 주범은 같이 붙잡힌 친구라고 강력하게 주장했다. 추워서 몸을 녹이려고 했는데 친구가 일을 크게 벌였다며 친구 탓을 했다. 의자를 사용하게 된 이유는 걸어서 이동 중 다리가 아파서 서로 밀어 주면서 이동하기 위해서였다고 했다. 끌고 가던 의자 위에 친구가 종이와 지푸라기를 올려놓고 라이터로 불을 붙이는 사이 자신은 망만 봤다는 것이다. 바람이 많이 불어 근처에 있는 차량에 옮겨붙었고 방화의 의도는 없었다고 주장했다. 지나가던 사람이 119에 신고를 했고 자신은 도망가는 친구를 오히려 잡아 왔다고 했다. 또 다른 피의자가 두 살이나 많은데도 친구라고 표현하며 무시하는 듯했다.

그가 주범이라고 주장하는 또 다른 피의자를 보자. 장애 판정을 받지는 않았지만 첫인상은 먼저 만난 피의자보다 훨씬 어눌해 보였다. 두 사람을 동시에 만났고 둘 중 한 사람에게 장애가 있다고 하면 누구라도 두 번째 만난 피의자를 지목했을 것이다.

몸집은 있었으나 자그마한 키에 구부정한 자세로 앉았고 자신감 없는 모습으로 손톱과 큐티클을 뜯어 벌겋게 된 흔적이 있었으며 눈 주위와 손 여기저기에 흉터가 있었다. 기소유예를 받은 한 건의 전과가 있을 뿐 전과가 화려하지도 않았다. 오히려 사기 피해 등 피해자로 조사받은 이력이 있었다. 아버지의 폭행으로 부모님이 피의자 중학교 때부터 자주 별거를 했으며 결국 이혼했다고 말했다. 남동생은 지적장애 판정을 받아 특수학교에 다니고 있고 자신은 지적인 문제로 군 면제를 받았으나 지적장애 판정을 받지는 않았다고 설명했다. 나중에 어머니를 만나서 들은 바로는 아들 둘이 모두 지적장애 판정을 받으면 자신이 너무 비참할 것 같아 진단을 받지 않았다고 설명했다. 사기도 자주 당하고 자꾸 문제가 생긴다며 이제라도 검사를 진행해 보겠다고 했다.

피의자는 고등학교를 졸업하기는 했으나 고등학교 재학 시절 화장품 제조 공장에서 야간근무를 하다 졸아 손이 잘릴 뻔했고 해고 당한 경험이 있었다. 이후 택배 상하차, 정수기 필터 조립 등의 일을 했다고 직장 경험을 설명했다. 성적은 늘 하위권이었고 초등학교 때부터 일진 무리에게 이유 없이 폭행당하거나 왕따를 당한 경험이 많았다. 함께 잡혀온 피의자는 고등학교 3학년 때 알게 되었는데 그에게 폭행을 당해 상해를 입기도 했다고 했다. 친하게 지내지는 않지만 만남을 거부하면 또 폭행을 당할까 봐 거부할 수 없다고 설명했다.

말투나 전체적인 인상 면에서 성인으로 느껴지기보다는 중학생 정도의 어린 학생과 대화하는 느낌이 들었고 자주 고개를 숙이고 주눅 들어 보였지만 질문에 집중하려는 태도를 보이고 솔직하고 성실하게 대답했다.

최근 지인의 부탁을 받아 피의자 명의로 휴대폰 일곱 대를 개통했으나 지인이 처음 약속과는 달리 돈을 주지 않아 결국 빚만 생겼다고 하소연했다. 공범은 평소 피의자가 연락을 받지 않거나 만나 주지 않으면 죽

내 안의 악마를 꺼내지 마세요

여 버린다고 협박했고, 피하려고 해도 피의자의 동선을 다 알고 있어 자주 찾아온다고 했다. 공범이 피의자를 상해한 사건 관련, 합의해 줄 마음이 없었는데 공범의 아버지가 합의를 종용해 10만 원 정도를 받고 합의해 줬다고 했다.

공범이 두 살 동생임에도 불구하고 두려워하는 모습을 보였다. 범행 당시에도 공범이 해코지를 할까 봐 시키는 대로 했지만 차에 불이 붙은 것을 보며 피해자에게 죄송한 마음과 어머니에게 어떻게 이야기해야 하나 걱정했다고 말했다.

사건 관련해서는 공범이 "지푸라기랑 종이 구할 수 있어?", "스티로폼도 가져와", "의자 끌고 와" 같은 지시를 했고 자신은 그대로 따랐으며 공범에게 라이터를 건네고 하지 말자고도 했지만 불을 붙였고 자신은 걱정되는 마음으로 망을 보았다고 했다. 바람 때문인지 생각보다 불길이 강해졌고 불을 끄기 위해 행인에게 도움을 청했지만 실패했다. 목격자가 신고를 하라고 해서 공범이 119와 112에 신고를 하게 된 것이라고 했다.

현장에 도착한 경찰관에게 사실대로 말하려고 했으나 공범이 "가만히 있어라. 내가 다 이야기한다"고 하더니 목격자 행세를 했다고 말했다. 집으로 돌아가는 길에 공범이 "우리도 목격했다고 하자. 그렇게 입을 맞추자"고 하였다고 진술했다.

누구의 말이 사실일까? 둘 다 자신은 망만 보았다고 하니 판단을 해야 했다. 그런데 두 번째로 만난 피의자는 거짓말하는 부분을 찾기 힘들었다. 자신의 지적 상태, 군 면제 이유부터 공범과의 관계에 대한 설명 그리고 불이 번지게 된 정황도 숨기는 부분이 있다고 판단하기 어려웠다. 휴대폰으로 인한 사기 피해같이 이번 일도 주도적인 역할은 아닌 듯했다.

그로부터 3년 정도의 시간이 지난 뒤 인근 경찰서에서 공동 협박 사건 관련 통합 분석 의뢰가 들어왔다. 통합 분석이란 과학수사에서 다루는 폴리그래프검사, 법 최면, 프로파일링 담당자들이 각각의 개별 분석을 한 뒤 공동 협의를 거쳐 결과를 통합적으로 분석하는 일이다. 일단 사건을 공유하고 통합 분석 가능 여부를 판단하려 회의를 하는데 그 과정에서 피의자들 중 한 명이 이미 분석했던 사건의 대상자였다는 사실을 알게 되었다. 시간이 꽤 흘렀지만 당시 다른 사건과는 달리 어머니까지 면담을 했고, 여러 가지 상황이 안타까워 군 면제 사유에 대해 명확히 알아보고, 장애 진단을 받는 일에 대해서도 신중하게 판단하라고 조언했었다. 물론 이런 부분을 보고서로 남겼고 수사팀에도 관련 내용을 전달했었다. 그러니 알아차릴 수밖에 없었다.

사건의 내용은 이렇다. 지적장애가 있는 피해자가 친구나 지인들에게 담배를 잘 사 준다는 이야기를 전해 들은 피의자들은 피해자를 불러 담배를 사달라고 부탁한다. 피해자와 약속을 정한 후 기다렸는데 남자 친구와 함께 나타나서는 남자 친구에게 허락을 구한 후 사 주겠다고 이야기해서 기다렸는데, 또다시 안 되겠다고 거절하자 화가 났다는 것이다. 그래서 돌아서서 가는 피해자와 남자 친구를 계속 따라다니며 "담배를 사 주고 가라. 안 사 오면 죽여 버리겠다", "안 사 오면 집에 못 갈 줄 알아", "가만히 놔두지 않겠다"고 하며 집에 못 가게 했다는 것이다. 피해자는 너무 무서워서 어머니한테 전화해 사실을 알렸고 피해자 어머니가 신고했다.

기가 막힌 점은 3년 전 주범으로 몰릴 뻔한 피의자를 오히려 일부 사실에 대해서는 피해자일 가능성이 있음을 피력했었는데 이번 사건에서는 주도적 피의자 신분이 되어 있었다. 순간적으로 머릿속이 하얗게 되었다. 당시에는 분명 친구나 후배에게 이용당하고 있었는데 어쩌다 자신과 비슷한 처지에 있는 피해자에게 폭력을 쓰고 협박하여 물건을 갈취하는 일을 주도했는지 알 수가 없었다. 이번에는 공범들 때문에 어쩔 수 없이 일을 벌인 것이 아니라 본인이 주도해 범행을 저지른 점도 인정했다. 물론 피해자나 목격자 진술을 통해서도 밝혀진 내용이다. 자신보다 약하다고 생각되는 피해자를 괴롭히다니! 자신도 똑같은 일로 많은 시간 고통스러워했는데 무리를 만들어 그와 비슷한 일을 저지르고 있다니!

자신이 이전 방화 사건에서 공범에게 이용당했는데 이번에는 자신과 비슷한 처지에 있는 피해자와 피해자의 남자 친구를 대상으로 협박하여 물건을 빼앗으려고 한 것이다. 지적 수준이 떨어지지만 진술 능력에는 문제가 없었고 사건 당일 자신의 행위로 인해 피해자가 공포심을 느꼈음을 인지했지만 담배를 얻을 수 있는 피해자를 이용하는 방법밖에 없었다고 했다.

피의자는 부모님 이혼 후 어머니와 다섯 살 어린 남동생과 함께 생활하고 있었다. 사건 당시 편의점에서 아르바이트를 하고 있었고 120만 원 정도의 수입이 있었다. 아주 큰돈은 아니었지만 생계를 부양해야 하는 상황이 아니기 때문에 용돈으로 적은 돈도 아니라고 생각한다. 특수절도와 방화로 재판을 받았지만 기소유예를 받았고 상해죄로는 벌금을 내는 등 세 개의 전과를 가지고 있었다. 그중 방화가 기소유예를 받은 데는 프로파일러인 나도 책임이 있다는 생각이 든다.

막을 수 있었던
시장 방화 사건

사건 파일 #5   병적 방화 사건

마흔일곱 살의 피의자는 술에 취한 채 시장을 지나가던 중 가지고 있던 라이터를 이용, 점포 세 곳과 시장 밖 노상에 주차된 트럭 적재함, 교회 앞 쓰레기 더미 등 총 다섯 곳에 불을 놓았다. 방화로 점포 55개가 불에 타 없어졌다. 시장 안에는 200여 개의 크고 작은 점포가 있는데 이 중 사분의 일이 소훼된 셈이다. 영세 상인이 많은 지역이기 때문에 피해 복구 기간까지 생계가 막막한 사람이 다수인 상황이었다.

피의자는 일용직 근무자로 일당을 받아 인근 다방에서 소주 한 병, 맥주 세 병을 마신 뒤 택시를 타고 방석집으로 이동하여 추가로 맥주 열 병을 마셨다. 이후 시장까지 이동한 사실은 기억 못 했지만 CCTV를 통해 확인한 장면에 대해서는 혐의를 인정했다. 술에 취한 상태로 일회용 라이터를 이용하여 방화한 것 같다고 했다.

1남 1녀 중 첫째인 피의자는 부모님 이혼으로 외조부모 손에 자랐으며 초등학교에 입학하기 전 외할아버지가 자신을 고아원에 데려갔던 일이 어렴풋이 기억난다고 했다. 초등학교 5학년 경 어머니가 재혼해 어머니, 계부 사이에서 태어난 여동생이 하나 있다고 했다.

현재는 어머니와 계부 모두 사망하였고 2018년 동종 전과로 체포되기 전까지는 여동생과 함께 동생의 아파트에서 생활했다. 그런데 2022년 출소 후 집에 돌아오니 여동생은 어디에 갔는지 흔적이 없고 함께 거주하던 집은 전기와 가스가 모두 끊긴 채 쓰레기로 가득했었단다. 쓰레기를 모두 치우고 통장의 도움으로 가스는 사용 가능하도록 조치를 취했다. 집이 동생 명의여서 전기와 난방은 동생이 직접 재사용을 신청해야 하는데 동생을 찾을 길이 없었다. 사건 발생 시점까지도 전기와 난방 없이 촛불로 생활했다고 했다. 겨울이라 추웠지만 옷을 두껍게 입으면 참을 만했고 휴대폰 충전은 통장 집에서 했으며 그 외 칫솔, 치약, 쌀 등 생필품은 지원을 받고 있었다.

거의 매일 하루 일당 13만 원 정도를 받으며 일용직 근무를 했고, 휴대폰 요금, 밀린 관리비, 생활비로 모두 소비해 모아둔 돈은 없다고 진술했다. 4시에 기상 후 5시경 출근, 퇴근 후에는 집에서 술을 마시며 유튜브 시청을 하는 하루를 보낸다고 했다.

이십 대 초반부터 강도상해, 절도, 방화 등 총 아홉 건의 전과가 있고, 특히 다섯 건의 방화 전과로 네 차례나 징역형을 받은 전력이 있었다. 수감 기간만도 대략 20년 정도니 성년이 된 후 거의 살았다 해도 과언이

내 안의 악마를 꺼내지 마세요

아니었다. 그런데도 출소 5개월 후 또다시 현주건조물방화죄로 수사가 진행 중이었고 그 상태에서 6개월 후 재차 이번 사건이 발생했으니 피의자는 병적 방화범으로 분류가 가능할 듯하다.

학창시절 성적이 좋지는 않았지만 큰 문제 없이 고등학교까지 마쳤고 친구들과의 관계도 나쁘지 않았다. 출소 후 친구들에게 연락했으나 배우자들이 반대한다는 이유로 친구들이 만남을 거부했고 그래서 연락하는 친구는 아무도 없다고 했다. 이성교제 경험이 두 번 정도 있었으나 만나는 중 애인이 다른 남성과 바람피우는 장면을 목격하고는 다시는 여자를 믿지 않게 되었고 이후 교제도 안 했다고 진술하였다. 지금은 여자도 만나고 싶고 결혼도 하고 싶고 같이 삼겹살에 소주 마시는 것이 소원이며, 길에서 가족이 함께 지나가는 모습을 보면 부럽다고 하였다. 그래서 외로운 생각이 들면 여자가 있는 술집이나 다방을 찾아가곤 했는데 범행이 있었던 날은 술을 생각보다 너무 과하게 마셔서 그런 일이 벌어진 것 같다며 후회스러운 마음을 털어놓았다.

마흔일곱이라고 하기에는 말투나 어휘 사용이 어린 학생과 대화하는 듯 느껴졌는데 아마도 오랜 수감 생활로 인해 대인관계 능력이 부족하고 사용하는 어휘에도 한계가 있기 때문 같았다.

불과 관련된 일화가 있는지 탐색하는 과정에서 어린 시절 쥐불놀이를 하며 즐겁게 놀던 기억과 놀이 중 친구 얼굴에 화상을 입혀 혼이 났던 기억을 함께 떠올렸다. 실제로 시장이 있는 지역은 피의자가 어린 시절을 보낸 곳이기도 해서 예전에 즐거웠던 기억 때문에 술을 마신 후 자신도 모르게 현재의 거주지와 반대 방향인 시장 쪽으로 하염없이 걸어갔고 자신도 모르게 불을 질렀을지도 모를 일이었다.

피의자 자신도 왜 자꾸 본인이 불을 지르는지 모르겠다며 답답해하고 '악마가 낀 것 같다'는 표현을 했다. 다시는 하지 말자고 결심했다가도 충동이 생기면 '에라 모르겠다' 하는 생각과 함께 불을 붙이게 된다면서 스스로도 잘 제어가 되지 않는다고 했다.

이번 사건 이전부터 문제가 있음을 알고 있었지만 뭘 어떻게 해야 할지 몰라 매일 아침 출근 전 열심히 살자고 다짐했다고도 말했다. 혹시라도 다른 사람들과 시비가 될 만한 일을 피하고 술도 집에서 혼자 마시려고 하는데 한 번 마시기 시작하면 멈추기가 힘들다고 말했다. 다시는 술과 담배를 하지 말아야 할 것 같다고 하면서도 이번 사건으로 형을 살고 나오더라도 또 방화를 할까 봐 걱정이 된다며 스스로를 믿지 못하겠다고 했다. 상담받을 곳을 소개해 줄 수 있냐고 물어보기도 했다.

방화가 계속되고 있고 충동을 제어하지 못하며 불을 지르고 나서야 흥분이 잦아드는 등 피의자가 가지고 있는 병적 방화 특성을 조금 더 빨리 발견했더라면, 출소 후 있었던 방화 사건으로 조금 더 빨리 구속이 되었더라면 영세 상인들이 큰 피해를 보는 일은 피하지 않았을까 아쉬운 마음이 커진다.

편의점 살인,
정말 어쩔 수 없는 선택이었나?

사건 파일 #6   강도 살인

피의자는 편의점 업주를 음료수 진열대 앞으로 유인한 뒤 몸싸움을 하면서 편의점 내 창고로 끌고 들어가 미리 준비하여 가지고 있던 과도로 목, 왼팔, 배 부위를 찌르고 계산대에 있던 현금을 강취 후 사건 현장을 빠져나왔다.

편의점은 아파트 내 상가로 2층 건물 중 1층에 위치해 있었다. 밤 11시가 넘은 시간이었지만 언제라도 사람이 드나들 수 있는 곳인 데다 내부에 CCTV가 설치되어 있었다. CCTV 녹화 영상에는 피의자 출입과 도주, 계산대에서 금전을 물색하는 모습, 피해자와 음료수 진열대 앞에서 벌인 몸싸움, 창고로 들어가는 장면이 고스란히 남았다. 피의자는 패딩 모자를 쓰고 얼굴에 마스크를 하고 슬리퍼를 신었었다. 진열대 한편에 슬리퍼 한 짝이 있고 주변에 정리되지 않은 화장지, 물병, 음료수 등이 어지럽게 놓여 있었다.

경찰이 도착했을 때 피해자는 창고 내부에 피를 흘리며 사망한 상태였고 주변에는 혈흔이 고여 있었다. 창고 앞 박스 위에 일명 박스테이프가 놓여 있고 창고 안쪽에서 나머지 슬리퍼 한 짝과 피해자 지갑, 가방을 발견했다. 피해자 팔과 목에는 묶여 있다가 풀린 형태의 테이프가 느슨하게 감긴 상태였다. 피해자 바지 주머니에는 운전면허증, 카드 등이 그대로 든 카드지갑이 있었다.

CCTV로 도주 경로를 추적한 결과 피의자는 두 시간 이상을 도보로 이동하다가 택시를 타고 관내를 벗어난 것으로 확인되었고 그 후 다시 도보로 이동하다 흔적이 사라졌다. 경찰 추적 후 얼마 지나지 않아 인근 숙박업소에서 체포되었다. 체포 당시 피의자는 강도 목적으로 편의점에 들어갔고 죽일 생각은 없었다고 진술했다.

삼십 대 초반인 피의자는 고등학교 1학년 때 친구들과 어울려 지내던 중 특수절도로 구속되었고 소년원에서 검정고시로 고등학교 졸업 자격을 취득했다. 초등학교에 입학하기 이전 어머니가 사망하고 아버지가 재혼해서 이복여동생이 한 명 있다고 했다. 그러다 피의자가 수감 생활을 할 때 아버지도 사망했고 이후 이복여동생과는 연락하고 지내지는 않았다.

어머니가 돌아가신 이유는 누구도 정확히 말해 주지 않아 잘 모르지만 안 좋은 일이라는 표현을 쓰는 것으로 보아 자살하신 게 아닌가 생각하고 있다고 말했다. 조부모와 함께 생활하다가 고등학교 입학 무렵 조부모의 권유로 아버지 집에 들어갔지만 여러 가지로 낯설고 어색해 학교도 그만두고 집을 나와 방황하다가 비슷한 친구들과 어울리게 되었다고 했다. 가출 이후 다른 사람의 오토바이를 운전하는 등의 일로 도로교통법위반(무면허운전)을 포함한 문제 행동을 하게 되었다고 고백했다.

가출 이전까지 학교생활은 평범했고 사회, 국사 과목은 성적이 괜찮은 편이었지만 전체적인 성적이 하위권이었던 것으로 기억하고 있었다. 인문계 고등학교를 다니던 중이었지만 1학년 때 그만두었기 때문에 대학 진학은 꿈도 꿔 보지 않았고 장래 희망도 따로 생각해 본 적이 없다고 했다. 자신과 어울리던 친구들도 꿈, 희망 이런 단어를 사용하는 것을 본 적이 없다고 말했다. 피의자는 성인이 된 후 10년 정도를 징역을 살면서 보냈다고 말했는데 면담 당시 삼십 대 초반이었으니 이십 대의 대부분을 감옥에서 보낸 셈이다.

출소 이후 설비 관련 하청 업체에 취직하여 서너 달 정도를 일했는데 아파트 공사를 맡아 진행하던 중 아파트 입주민에게 전자발찌 부착 사실을 들켰고 곧 회사에서도 제재가 취해질 것 같아 불안해하다가 스스로 그만두었다. 빨리 벌어 자리 잡고 싶은 마음에 야근도 마다하지 않았고 그 결과 300만 원 정도의 급여를 세 번 받았다. 그렇지만 이전 교통사고에 대한 구상권 청구로 90만 원 정도가 나가고 나면 200만 원가량이 남고 월세, 통신비, 밥값 등을 쓰면 저축할 여유는 없어도 그런대로 살만하다고 느끼던 참이었다.

매달 지출해야 하는 돈이 있는데 일을 하지 못하니 바로 궁핍해졌고 그래서 일용직이라도 해 볼 생각으로 인력사무소를 찾아갔지만 일을 구하기가 쉽지 않았다. 징역을 오래 살아서 딱히 만날 친구도 없었고 이전 직장에서도 월요일부터 토요일까지 계속 일만 했기 때문에 시간도 없었다. 게다가 직장을 그만뒀으니 그나마 말할 사람조차 없었고 어려움을 의논할 대상은 더더욱 없었다. 아버지 사망 이후 할머니, 할아버지도 징역을 사는 중 모두 돌아가셨고 고모와 연락이 되기는 하지만 고민을 털어놓을 대상은 아니라며 이번 사건도 알리지 않았다고 했다. 대인관계라고는 찾아볼 수가 없었다.

보통 피의자를 만나러 갈 때는 조서를 미리 읽어 보고 가는데 조사 시 길게 진술하지 않는 태도로 보아 상당히 방어적일 것이라고 예상했으나 비교적 순응하는 태도로 면담에 임했다. 성장 배경 등을 질문해도 거부 반응 없이 진술했으며 축소하거나 과장하려는 태도는 관찰되지 않았다. 이런 친구가 왜 살인 사건과 연결되었을까 의문이 생길 정도였다. 다만, 모든 것을 포기한 듯 보였고 자신을 변호하려는 의지가 보이지 않아 안타까웠다.

전자발찌가 한쪽 돌출형에서 양쪽 돌출형으로 바뀌어 의복 선택이 매우 제한적이고 불편이 많은 점에 불만을 토로했으며 전자발찌를 들키고 난 후 더 이상은 삶을 버틸 자신이 없어졌다고 말했다. 그런데 피해자 가족들을 생각하면 미안한 마음이지만 교도소에 가기 위해 일을 저질렀는데 조금만 덜 반항했으면 아무 일이 없었으리라 가정하며 피해자를 원망하는 태도는 이해하기 힘들었다.

누구도 피해자에게 일을 그만두라고 한 사람이 없었는데 전자발찌 때문에 직장에서 쫓겨나다시피 나왔고 인력사무소에서도 일을 구하기 어렵게 되자 자살 아니면 교도소밖에는 다른 방법이 없다고 생각했다고 했다. 이전에도 자살을 시도했다가 사망 전 발견되어 죽지 못하고 힘들기만 했던 기억 때문에 자살도 쉬운 일이 아니라고 생각했다. 차라리 교도소에 가는 편이 제일 낫겠다는 생각에 자신의 주거지 인근 편의점을 선택했다는 것이다. 그래서 운동화를 신지 않고 슬리퍼를 신고 갔다고 말했다. 신고 되면 현행범으로 체포될 마음으로 도주에 대해서는 아예 신경을 쓰지 않았고 CCTV도 피할 마음이 없었는데 피해자가 저항하니까 자신도 모르게 찌르게 되었다고 주장했다. 과도나 테이프도 거주지 공동부엌에 있던 것을 사용했다며 별도로 구입하지 않았음을 강조했다.

피의자의 계획은 피해자를 창고로 유인해서 스스로를 테이프로 결박하게 한 뒤 창고에 가두고 돈을 가지고 나오는 것이었다고 주장했다. 그러나 결박을 요구해도 말을 듣지 않고 강하게 반항해 몸싸움 중 사고가 났다 했다. 칼을 들고 실랑이를 벌이다 보니 여기저기를 찌른 것 같긴 한데 찌른 느낌도 없었고 피를 흘리는 모습도 보지 못했지만, 자신 때문에 사망한 사실은 인정한다고 진술했다. 자신이 편의점에서 나올 때, 그리고 다시 가서 확인했을 때도 피해자에게 의식이 있고 눈을 뜨고 있었으며 발견을 지연시킬 목적으로 들어오는 손님들한테는 포스기가 고장 나서 장사할 수 없다고 했을 뿐이라고 했다.

억울한 죽음 앞에서 주장하기에는 어처구니없는 말들이었다. 어찌 자신의 입장만 주장한단 말인가? 피의자의 주장대로라면 도망가지 말고 현장에서 체포되었어야 하나 추적을 피해 이곳저곳으로 도주했고, 죽일 생각이 없었다면서 피해자를 구호하기 위한 어떠한 조치도 하지 않았으니 처음 먹었던 마음을 그대로 받아들이기는 힘들었다.

막상 범행을 저지르고 나니 본능적으로 도망가야겠다는 생각이 들었고 전자발찌를 부착하고 있으면 추적을 당할 것 같아 전자발찌를 떼어내고 도주했으며, 숙박업소에서 검색을 통해 피해자의 사망 사실을 알게 되어 자포자기 상태로 있다가 체포되었다는 주장이었다.

피의자는 특수강도로 3년 1개월 실형을 받고 출소한 지 채 1년이 되지 않아 강도 상해를 또 저질러 7년 형을 선고받았다. 이번 범행이 전자발찌로 인해 생활에 제약이 있고 직장도 구하기 어려웠기 때문이라고 원망했다. 그러나 면담하며 이전에도 출소 후 1년이 되지 않아 범죄와 연루된 점을 보면 스스로 어려움을 극복할 힘이 부족한 것 같다는 말을 하자 깜짝 놀라는 표정을 지었다. 외부 요인 때문이 아니라 내면의 힘이 부족해서라고 지적받거나 스스로 생각해 본 적은 전혀 없었고, 자신이 처한 상황이 극단적이라고만 여겼다는 것이다.

자살이냐, 추가 범행이냐 외에는 자신이 선택할 수 있는 것이 없었다고 주장했으나 직장을 그만둔 지 한 달이 채 되기도 전에 저지른 범행의 정당성을 설명하기에는 설득력이 한참 부족했다. 뿐만 아니라 7년 형을 확정되었던 이전 범행에서도 강도만 계획했지만 강도 상해가 되었는데, 이번 범행에서도 또 강도만 계획했다 강도 살인이 되었다며 일이 커지리라 예상하지 못했다는 피의자의 주장은 받아들여지기 힘든 상황이었다.

무엇보다 자신의 상황을 극복하기 위해 누군가에게 해를 가했다는 게 합당한 논리란 말인가? 그런데도 본인은 자신이 가장 극한의 상황에 있었고, 그런 이유로 잘못을 저질렀지만 다른 방법은 없었다고 말하고 있다.

아이의 온몸에 남은 잔인한 흔적

사건 파일 #7 　　　　　　　아동학대 살인

2월 초 점심시간 즈음, 소방의 공동 대응 요청 신고가 접수되고 경찰이 현장에 도착했다. 피해 아동은 이미 사망한 상태였다. 현장 내부는 침실 다섯 개, 화장실 세 개, 발코니 두 개, 거실, 주방, 드레스룸 각 한 개로 이루어진 꽤 넓은 아파트였고 피해 아동은 안방에서 사망했다. 안방 침대 위에는 베개와 이불이 놓여 있었으며, 침대와 창문 사이 바닥에 혈흔과 119 구급대가 응급조치를 한 흔적이 남아 있었다.

피해 아동이 사용했던 작은방은 출입문 기준으로 좌측에 책상과 책꽂이, 침대, 서랍장 그리고 붙박이장이 배치되어 있었다. 출입문 앞 바닥에는 컴퓨터 본체와 모니터가 전원코드가 빠져 있는 상태로 놓여 있었다. 책상 위에는 성경책과 성경책을 필사 중인 것으로 보이는 노트, 그리고 시계, 화장지, 필기구, 약봉지 등이 있었다. 봉지에 든 약은 한 달 전쯤 정신건강의학과에서 피해 아동이 처방받은 것으로 확인되었다. 책상 아래에는 섬유유연제 통이 있었는데 알 수 없는 액체가 담겨 있는 상태였다.

피해 아동은 미라 상태까지는 아니더라도 매우 야윈 상태였고 머리 부위에서 부종과 멍을 확인했다. 얼굴과 가슴 곳곳에 피부 까짐이 관찰되었고 옆구리, 배, 양팔과 손바닥 등에서 보라색 멍도 확인했다. 양쪽 허벅지에도 광범위한 멍과 피부 까짐이 있고 외력에 의한 내부 장기 손상도 의심되어 부검이 권고되었다.

피해 아동은 친부, 계모, 이복여동생 두 명과 함께 거주하던 중 사망했다. 계모의 학대와 친부의 방임이 가져온 기막힌 죽음이었다. 원래대로 학교에 다녔다면 5학년이 되었을 나이였다. 4학년 말부터 홈스쿨링을 하겠다며 아이를 학교에 보내지 않았고 그리 긴 시간이 지나지 않은 시점에 사망한 채 발견되었다.

우선 피해 아동과 많은 시간을 함께 보낸 계모, 여성 피의자부터 들여다보자. 사십 대 초반인 피의자는 면담 당시 임신 7개월이었다. 제법 배가 나오긴 했지만 마른 체격이었다. 여성 피의자는 어려서부터 외조부모와 거주했으며 고등학교 진학 즈음 부모님이 사는 곳으로 갔다고 했다. 아마도 외조부모가 연로해지자 자신을 부모님이 사는 곳으로 보내지 않았나 생각했다. 좀 더 자세한 이야기를 듣고 싶어 질문을 건넸으나 이번 사건은 자신의 실수 때문이지 가족들 탓이 아니라며 가족에 대해 이야기하기를 꺼려했다. 외조부모 손에 길러졌지만 이모와 삼촌들에게 사랑을 많이 받고 자랐고 현재는 부모가 반대하는 결혼을 했다는 이유로 부모와 연을 끊은 상태라며 얘기할 필요도 없다고 했다.

양육자나 양육 환경이 바뀌면 적응하는 기간이 필요하기 때문에 가족 모두가 노력해야 한다. 훈육이라는 이름으로 통제하려고만 하면 대부분 아이가 긍정의 길로 들어서지 못한다. 사건으로 만난 경우가 아니라도 맞벌이 때문에 아이를 조부모께 맡겼다가 초등학교에 입학하면서 함께 생활하게 되며 어려움을 겪는 가정을 자주 접하게 된다.

여성 피의자는 과거에는 뷰티샵을 했고 현재는 제법 규모가 있는 옷 가게를 6년째 운영하고 있었다. 지인의 소개로 지금의 남편을 만났고 피해 아동을 데리고 자신이 운영하는 가게에 오면서 더 가까워지기 시작했다고 말했다. 결혼 전 남편이 바쁘면 피해 아동을 대신 유치원에 데려다주기도 하면서 아이와 급격히 친해졌고 그러다가 '이렇게 같이 살아도 되겠다'는 생각이 들어 같이 살기로 결심했다고 했다.

혼인신고를 하지 않았으나 같이 살면서 딸 둘을 낳아 세 살과 두 살이 되었고 배 속에도 아이가 있었다. 그동안 수차례 유산을 겪고 난임 판정을 받았다가 임신한 상황이라서 최근 유산에 대한 두려움이 있었고 양쪽 유방에 종양이 발견되기도 했다며 건강 염려로 인한 스트레스가 많다고 주장했다.

남편에 대한 사랑이 먼저가 아니라 피해 아동에 대한 측은지심이 먼저 생겼는데 왜 아이와 관계가 악화되었냐는 질문에 여성 피의자는 피해 아동이 초등학교에 입학 후 사흘 만에 학교에서 면담 요청이 왔고 반복적으로 문제 행동을 일으켰으며 병원에서 ADHD 판정을 받기도 했다며 대부분의 문제를 아이 탓으로 돌렸다. 피해 아동을 위해 정신과 진료, 맘카페 검색, 필리핀 유학 등 자신이 할 수 있는 노력을 했다며 최선을 다했음을 피력했다. 그러나 아이를 돌보기 위한 최선의 방법이었는지는 의문이 제기되는 부분이다. 특히 아픈 아이를 옆에 데리고 있으려고 하지 않고 필리핀으로 보내려 한 것 등은 상식적이지 않은 방법이었다.

보통은 아이가 사망한 경우 아이한테 문제가 있었다 해도 모두 자신의 잘못이라고 말하기 마련인데 피해 아동이 얼마나 문제가 많은 아이였는지 장황하게 설명했다. 아이가 평소 자신을 얼마나 좋아했고 따랐는지를 강조했다. 사망 전 피해 아동이 무거운 짐을 들고 힘겨워하는 모습이 CCTV에 찍힌 장면에 대해 묻자 어머니인 자신이 힘들까 봐 자발적으로 한 행동이라며 책임을 회피했다. "불과 며칠 전까지만 해도 행복했었는데, 도대체 왜 그랬는지 모르겠다. 미칠 것 같다"라며 사망의 이유를 설명하지 않았다.

바지에 묻은 혈흔과 허벅지에 찍힌 상처에 대해서는 피해 아동이 연필로 자해한 흔적이라고 주장했고, 입 주변 상처에 대해서는 혼자서 마시멜로를 꼬치에 끼워 구워 먹다가 데인 자국이라며 자신과 무관하다고 강조했다. 생식기 부위 상처에 대해서는 피해 아동의 자위 행동을 언

급하며 여동생들 앞에서까지 그런 행동을 해서 지적을 많이 했었다고도
했다.

성경 필사를 시킨 이유는 글씨 연습을 시키기 위해 시작하였고, 시간
이 지나서는 행동이 통제되지 않을 때마다 마음을 다잡기 위해 시켰다
며 모든 행동을 정당화했다. 피해 아동도 필사를 하면 칭찬을 받기 때문
에 스스로도 먼저 필사할 정도로 좋아했다고 주장했다. 그러나 아이의
험담 중, 하라는 필사를 제대로 하지 않고 성경책을 오려 붙여 놓고 거
짓말을 했다고 비난하는 것으로 보아 피해 아동에게 성경 필사는 매우
곤혹스러운 일이었을 것으로 보였다.

이제 친부인 남성 피의자에 대해 설명해 보려고 한다. 자신은 아내가
아들을 잘 돌보고 있는 줄 알았고 전적으로 아내를 믿었으며 그래서 늦
게 귀가해 아이가 잔다고 하면 들여다보지 않은 날도 많았다며 이 지경
이 될 줄은 몰랐다고 주장했다. 아들의 죽음 앞에 아버지가 할 수 있는
말은 아니었다.

친부인 남성 피의자는 계모에 비해 안정적인 성장 배경을 가지고 있
었다. 초등학교 때 전학 경험이 있긴 했지만 고등학교까지 잘 마쳤다. 이
후 대학에 진학하기는 했으나 중간에 그만두고 경제활동을 시작했다.
이십 대 초반 결혼을 하고 아이를 낳았으나 생모가 양육에 소홀하고 외
박과 음주가 잦아 아이가 다섯 살 되던 해에 이혼에 이르렀다. 그럼에도

양육비를 주면 아이를 자신이 돌보겠다고 전처가 우겨 그러기로 합의를 했으나 아이를 처가에 방치한 채 돌보지 않아 결국 혼자서 아이를 키우게 되었다.

처음엔 일도 그만두고 아이를 돌보다가 계속 돈을 안 벌 수는 없어 아이를 데리고 다니기도 했고 그러던 중 현재의 배우자를 만나게 되었다. 피해 아동 일곱 살쯤 동거를 시작했으며 아들과 잘 지내는 모습이 동거의 가장 큰 이유였다고 말했다. 자녀들이 학교, 어린이집에 다니기 시작하면서 혼인신고를 하자고 여러 번 권유했으나 차일피일 미루고 거부하여 사건 발생 시점까지도 혼인신고를 하지 못하고 동거인으로 살고 있었다고 했다. 현 아내의 부모님은 한 번도 만난 적이 없고 외동딸로 알고 있다고 했다. 5남매 중 막내라는 여성 피의자의 진술과 다른 부분이지만 누구 말이 맞는지 역시 확인할 방법이 없었다.

보통은 아침에 딸들을 어린이집에 데려다주고 출근했고 퇴근 후에도 딸들 목욕시키는 일을 도왔다고 말했다. 친부는 최근 일주일간 아내가 피해 아동을 챙기고 있으니 걱정 말라는 말을 듣고 피해 아동에게는 별 신경을 안 썼고 방을 들여다보지 않아 사망 당일 멍투성이인 아들을 보고 자신도 깜짝 놀랐다며 울었다.

아들이 병원에 다니기 시작하면서 자신도 우울증 약을 복용하게 되었다며 본인도 힘들었다는 얘기를 꺼냈다. 여성 피의자인 아내에게 배신당한 기분이라며 분노의 감정을 드러내기도 했다. 아들에게 자해, 불장난, 도벽 등 문제 행동이 있다는 얘기를 아내에게 많이 들었다고 했다. 자신이 생각나는 문제 행동은 집에서 춤을 추며 까불거나 자전거를 탈 때 속도를 조절하지 못하는 정도였고 다른 문제 행동을 관찰할 적은 없다고 말했다. 그런데 초등학생 아동이 음악이 나오면 까불면서 춤추고 자전거 속도를 조절하지 못하는 정도는 문제 행동이라고 할 만한 것이 아니었다.

아들이 성장하면서 친모를 닮아가는 것 같아 작은 실수에도 아내가 아들 머리를 쥐어박거나 심하게 짜증을 냈던 적은 있었지만, 아들 편을 들면 오히려 아내와 아들의 관계가 악화될까 봐 모른 척 넘어갔다며 뒤늦게 후회하는 모습을 보였다.

아내가 어린 시절 외롭게 자라 자녀 욕심이 많다며 유산을 하면서도 계속 아이를 더 낳고 싶어 했고 임신과 출산, 유산, 그리고 또 임신을 하는 등의 일이 반복되면서 더욱 예민해지고 짜증도 심해진 것 같다고 했다. 퇴근 후 집에 오면 아내는 아들이 잘못한 일들을 얘기하며 혼내주기를 요구했다. 그래서 아들의 얘기는 들어 보지도 않고 알루미늄 봉으로 엉덩이와 종아리 등을 때렸다고 인정했다. 그러나 친부 역시 자신의 잘못을 있는 그대로 인정하지는 않았다. CCTV 확인 결과 욕설을 하며 발로 차는, 체벌의 수준을 벗어난 행동들이 고스란히 남아 있었다.

두 사람 모두 부모로서 훈육하는 수준을 넘어 개인적인 분노 표출 방식으로 피해 아동을 폭행했다고 보였다. 주 양육자로서 피해 아동과 많

내 안의 악마를 꺼내지 마세요

은 시간을 보낸 계모는 학대 행위 정황이 헤아릴 수 없을 만큼 많았고, 이를 알면서도 학대에 가담하거나 묵인하며 무관심으로 대응한 친부는 무책임하게 행동한 부분에 대한 책임을 면할 수 없다.

계모는 학대 사실을 일부분 인정하면서도 사망 원인이 학대 때문이 아니라 단순 사고라고 주장했다. 그러나 피해 아동은 온몸으로 사망의 원인을 얘기하고 있었다. 변명을 위해 늘어놓는 진술 속에서 피해 아동이 어머니와 아버지를 얼마나 사랑했고 죽기 직전까지 어머니에게 사랑받고 싶어 했다는 정황들을 읽을 수 있었다. 자신을 뿌리치는 어머니에게 물을 떠다 주며 화를 풀라고 말했고 자신을 쳐다봐 달라며 손을 잡아끄는 아이의 모습이 눈에 보이는 듯했다. 이미 사망해서 말이 없는 피해 아동의 상처 입은 얼굴이 자꾸 눈앞에 어른거렸다.

훈육을 위한 체벌이 아니라 고문 수준의 폭행이었고 일회성이 아닌 상습적 행동이라고밖에 말할 수 없었다. 그러면서도 두 딸과 7개월 된 배 속 아이를 걱정하는 어머니와 아버지를 어떻게 이해해야 할지 머리가 복잡해졌다. 혹시라도 이 아이를 살려낼 방법은 정말로 없었던 것인지, 아이의 사망 원인을 이 가정 안에서만 찾는 게 맞는 것인지도 자꾸만 되묻게 된다.

"선한 끝은 있다"는 말을 들어 본 적이 있는지 모르겠다. 악한 사람에게 좋은 결과가 있을 수 없고 결국 착한 사람이 잘된다는 말이지만, 달리 해석하면 당장 눈앞에 결과가 나타나지 않더라도 어려운 상황을 버텨 내면 언젠가는 원하는 결과를 얻을 수 있다는 의미기도 하다.

살면서 견디기 힘든 일을 만나지 않는 사람은 없으리라 생각한다. 다른 사람 눈에는 그리 힘든 상황이 아니라고 느껴질지 모르지만 정작 내가 감당하기 힘든 일이 숱하게 벌어지고, 왜 나에게만 이런 일이 생기는지 원망하는 마음이 생길 때도 있다. 남들은 모두 평온하고 행복한데 왜 나만 힘들고 하루하루 살아 내기가 이토록 어려운지 당장이라도 그만두고 싶어질 때가 있다. 그나마 끝이 정해진 일이라면 버티고 견딜 수 있을 텐데 도저히 끝나지 않을 것 같은 불안감이 엄습해 오면 그냥 그 자리에 주저앉고 싶어질 때도 있다.

직장에서는 직장대로 감당해야 할 역할이 있고 가정에서는 가정대로 부모로서 자식으로서 아내나 남편으로서 책임져야 할 일들이 언제나 나를 기다리고 있다. 굳이 나를 기다리지 않아도 될 것 같은 일들이 마치

나를 위해 준비해 둔 일인 양 어김없이 나에게 어떤 역할을 기대한다. 기대를 한다는 말은 희망적인 의미를 내포하고 있는 말 같지만 몸과 마음이 힘들고 지쳤을 때는 희망이 아니라 부담으로 가슴을 파고든다.

그런데 돌이켜보면 끝이 보이지 않는다고 생각했던 일이 생각보다 빠른 결과를 가져다준 적도 있고, 바로 내일이면 해결될 줄 알았던 일도 기대보다 많은 공을 들이고 난 다음에야 겨우 끝났던 적도 있다. 어쩌면 이런 이유로 희망이 생기는 것인지도 모르겠다. 인생이 매번 계획대로만 된다면 재미가 없을 테니까 말이다.

프로파일러로서의 삶도 마찬가지다. 일과 나를 분리하려고 애쓰지만 매 순간 그렇게 되지는 않는다. 출근과 동시에 살인 사건 현장 사진들과 씨름해야 하고 다른 사람들은 한 번 보기도 꺼리는 사건들을 거의 매일 들여다봐야 한다. 사건 관련자를 만나 인터뷰도 해야 하는데 사실대로 술술 말하는 범죄자만 있지는 않아서 그들과의 심리적 겨루기도 만만치 않다. 어쩌다 관련자 중 한 사람 신변에 문제가 생기면 내 책임은 아닌지 되돌아보게 되고 기소를 유지하는 데 실패하면 어떤 부분을 놓쳤는지 고민하게 된다. 그러니 일과 나를 분리하고자 하는 노력에도 불구하고 힘들어지는 순간이 온다.

그렇다고 힘들 때마다 상황과 정면으로 부딪히지 않고 매번 피한다면 어떻게 될까? 그만두고 싶은 마음이 올라올 때마다 쿨한 척 사표를 던지고 돌아선다면 어떻게 될까? 결과는 굳이 말하지 않아도 짐작 가능할 것이다. 우리가 지금 이 자리에 있는 것은 그런 위기의 순간을 버텼기 때문이다. 방법이야 개인마다 다르겠지만 그런 순간들을 버티는 힘을 가지고 있었기 때문에 마음속 악마를 꺼내지 않고 나를 지키며 살아낸 것이다. 그래서 우리는 난관을 극복할, 최소한 버티는 힘을 키울 용기가 꼭 필요하다.

혹시 스스로 어떤 방법으로 버티고 있는지 생각해 보지 않았다면 각자 개인의 노하우가 무엇인지 한번 점검해 보라고 권하고 싶다. 어려움이 올 때마다 나에게도 상대에게도 도움이 되는 방법으로 버티고 있는지 아니면 지금까지는 운 좋게 잘 버텨왔지만 사실은 폭력적이거나 이기적인 방법으로 위기를 모면했었는지 진단해 보자.

처음 경찰에 입문해서는 프로파일링뿐만 아니라 여러 가지 경찰 업무를 병행해야 했다. 다른 업무 없이 범죄 분석만 할 수 있으면 세상을 다 얻은 기분이겠다며, 언제가 그날이 오리라 생각하며 버텼다. 그런데 막상 바람이 이루어지니 책임도 커져서 제대로 된 결과를 내야 하는 부담감을 견뎌야 했다. 또 사건 분석만 열심히 하면 될 줄 알았는데 경찰은 연구기관이 아닌 수사기관이고 사건의 실체적 진실을 밝히는 데 일조하는 일 역시 프로파일러의 역할이다. 끊임없이 발생하는 사건에 대처하느라 이전과 다르게 바빴다. 느긋하게 여유를 부릴 수도 없어서 결과에 대한 부담감도 이겨 내야 했다.

분석이 끝나고 나면 분석 결과를 담당 수사팀에 잘 전달하는 것도 중요한 일이다. 담당 수사관과 팀을 설득하지 못하면 분석을 열심히 해도 소용없어질 수 있기 때문이다. 직접 수사를 하는 사람들을 논리로 설득하고 마음을 움직이는 일이 범죄자의 마음을 움직이는 일보다 먼저다. 더군다나 담당 수사관의 판단과 분석 결과가 서로 다른 방향일 때는 그들의 공격적인 말도 견뎌 내고 설득의 기술을 발휘해야만 한다.

어렵게 범인을 검거하면 그때부터는 범죄자와의 심리 게임이 시작된다. 범행 동기에 대해 터무니없는 이유를 대는 사람도 있고 자신이 왜 범죄를 저지른 것 같냐며 반문하는 사람도 있다. 피가 낭자한 살인 사건 현장을 볼 때보다 더 힘든 때가 바로 이런 순간들이다. 그들에게 느끼는 감정을 그대로 드러내면 라포(상담자와 내담자의 신뢰관계)는 일순간에 무너지고 자백은 꿈도 꿀 수 없으니 그 순간을 견디는 힘이 요구된다.

평정심을 잃지 말아야 한다고 생각하면서도 때로 '욱' 하는 감정이 올라올 때가 있다. 어린아이를 성폭행하거나 폭행, 학대해서 사망에 이르게 하거나 씻을 수 없는 상처를 남겨 놓고 그 원인이 아이에게 있다고 주장할 때는 욕이라도 한 바가지 해 주고 싶어진다. 그래도 그 순간을 이겨 내고 그들의 이야기에 공감하는 표정으로 앉아 있거나, 최소한 그럴 수도 있었겠다고 동조하며 면담을 계속 진행해야만 한다. 프로파일러라는 직업도 극한 직업 중 하나임에는 틀림이 없다.

이런 순간들을 버텨 내기 위해 나름대로 기술을 하나 터득했다. 그들이 심리 게임을 걸어올 때는 철저히 롤 플레이를 하고 있다고 생각한다.

내 안의 악마를 꺼내지 마세요

그러면 훨씬 잘 버텨진다. 프로파일러와 프로파일러 역할, 둘 다 똑같은 거 아니냐고 하겠지만 지금 상황이 롤 플레이라고 생각하는 순간 심리 게임에서 이기기 위해 더 냉정을 유지하게 되는 것 같다. 역할에 충실하니 적절한 반응을 할 수 있고 그러면 면담은 생각보다 성공적으로 진행된다. 그런 경험이 한두 번 쌓이니 그 순간을 잘 버티면 원하는 결과를 얻을 수 있을 거라는 희망도 생겨서 조금씩 더 수월해지기도 한다.

버티는 삶은 희망이 있다고 확실히 말할 수 있다. 최소한 지금 포기하는 자세보다는 좋은 결과를 가져올 가능성이 있다고 이야기할 수 있다. 앞으로 벌어질 일이 무엇인지, 어떠한 것인지도 모르면서 순간 어렵다고 포기하고 좌절하고 주저앉으면 미래는 없다.

기대되는 역할은 많은데 때로는 개인적 능력이 부족함을 느끼기도 하고 때로는 체력이, 때로는 대인관계 능력이 부족하다고 느껴진다. 엄마로서, 아빠로서, 딸로서, 아들로서 자격마저도 없다고 느껴지는 순간, 존재 자체가 부담으로 다가오는 순간이 있다. 그럴 때는 나에게만 오는 시련이 아니라 누구에게나 오는 순간임을 기억하자. 그리고 괜찮다고 버틸 수 있다고 스스로 다독이자.

　그래도 힘들 때는 혼자 있지 말고 나에게 가장 긍정적인 사인을 주었던 그 사람을 만나자. 나 스스로 나의 부모이고 양육자라고 했으니 평소 시간 날 때마다 스스로 긍정적인 자기최면을 걸어 보자. 지금 잘하고 있다고! 넌 참 괜찮은 사람이라고! 거울이 보일 때마다 입으로 눈으로 말해 주자. 그런 자기최면이 놀랍게도 버티는 힘을 키우는 데 효과가 있다. 선택이론 측면에서 보면 '행복도 선택'이고 '버티기로 결정하는 것도 나의 선택'이다. 선택에는 늘 책임이 따르고 어떤 선택을 하느냐에 따라 개인의 행복과 만족도가 크게 좌우되는데 버텨 내지 않고 포기하기를 선택하는 순간, 나는 희망이 없는 삶을 책임지게 된다는 사실을 명심하자.

　악마와 손잡지 않고 마음을 돌보며 스스로를 키울 때 나도 행복하고 나를 만나는 이들도 행복하게 만들 수 있으리라 확신한다. 이 책이 좋은 선택을 하는 데 조금이라도 도움이 되기를 바라는 마음이다.

　　　　　내 안의 악마를 꺼내지 마세요

DON'T
BRING OUT
THE DEVIL
IN ME

내 안의 악마를 꺼내지 마세요

초판 1쇄 발행	2024년 2월 1일
지은이	이진숙
펴낸곳	(주)행성비
펴낸이	임태주
편집총괄	이윤희
책임편집	장혜원
디자인	페이퍼컷 장상호
마케팅	한경화
출판등록번호	제2010-000208호
주소	경기도 김포시 김포한강10로 133번길 107, 710호
대표전화	031-8071-5913
팩스	0505-115-5917
이메일	hangseongb@naver.com
홈페이지	www.planetb.co.kr

ISBN 979-11-6471-255-7 03300

행성B는 독자 여러분의 참신한 기획 아이디어와 독창적인 원고를 기다리고 있습니다.
hangseongb@naver.com으로 보내 주시면 소중하게 검토하겠습니다.